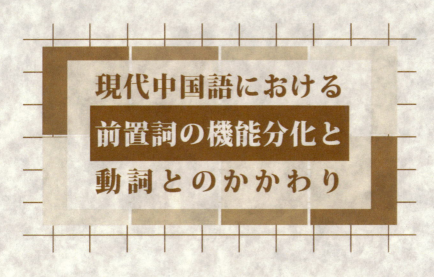

現代中国語における
前置詞の機能分化と
動詞とのかかわり

中西千香 著

好文出版

現代中国語における
前置詞の機能分化と動詞とのかかわり

中西千香

目　次

0. 序章 ………… 9
　0.1　はじめに　／ 9
　0.2　先行研究と問題点　／ 13

1. 前置詞とは何か、前置詞の定義 ………… 17

2. 前置詞の機能分化のプロセス～2つのタイプからみる～ ………… 23
　2.1　"対" について　／ 23
　2.1.1　L1　NP_1 ＋ "対着" ＋ NP_2　／ 25
　2.1.2　L2　NP_1 ＋ "対着" ＋ NP_2 ＋ VP ＋ NP_3　／ 29
　2.1.3　L3　NP_1 ＋ "対" ＋ NP_2 ＋ VP ＋ NP_3 または NP_1 ＋ "対" ＋ NP_2 ＋ Adj　／ 30
　2.1.3.1　動きの静かな動詞グループ　[－状態性]　／ 31
　2.1.3.2　[＋状態性] の述詞　／ 35
　2.1.3.3　[－状態性] の動詞がくる場合→[＋状態性]への転化　／ 38
　2.1.3.4　副詞や助動詞の付加によってL3になるL4　／ 39
　2.1.4　L4　NP_1 ＋ "対（于）" ＋ NP_2 ＋ VP ＋ NP_3 または NP_1 ＋ "対（于）" ＋ NP_2 ＋ Adj ならびに L5 "対/対于" ＋ NP_2 ＋ (NP_1＋) VP ＋ NP_3 または "対/対" ＋ NP_2 ＋ (NP_1＋) VP/Adj　／ 41
　2.1.4.1　[－状態性] のもの　／ 41
　2.1.4.2　[＋状態性] のもの　／ 43
　2.1.4.3　[－状態性] の動詞がくる場合→[＋状態性]への転化　／ 44
　2.1.5　"対" と "対于" の相違点　／ 44
　2.1.6　L4とL5の異なる点、L5が獲得する機能　／ 46
　2.1.7　まとめ　／ 47
　2.2　"跟" について　／ 49
　2.2.1　随伴義 "跟" からの意味拡張　①　／ 50
　2.2.1.1　随伴義 "跟" Ⓐ　／ 50

2.2.1.2　空間的移動がうすれた随伴義"跟" B ／51

2.2.1.3　随伴義から「獲得」のための対象へ－知識・情報の獲得～モノの獲得へ C ／51

2.2.1.4　動作の対象－言語活動～身体部位動作～心理・感情動詞へ ／53

2.2.1.4.1　"跟～"伝達動詞（～に言う） D ／53

2.2.1.4.2　"跟～"身体部位動作（～に（身体部位で）合図、意思表示する） E ／54

2.2.1.4.3　"跟～"態度・感情をあらわす動詞（～に感情を持つ） F ／55

2.2.2　随伴義"跟"からの意味拡張　② ／56

2.2.2.1　共同行為の対象（共同行為者）を引き出す"跟" G ／57

2.2.2.2　相互行為の対象（相互行為者）を引き出す"跟" H ／58

2.2.2.3　比較や関係の対象を引き出す"跟" I ／59

2.2.2.3.1　"跟"を用いて対象を引き出し、その対象と同等かどうかを比較する　／60

2.2.2.3.2　"跟"を用いて対象を引き出し、その対象との関係をしめす／61

2.2.3　まとめ　／61

2.3　まとめ～"対"と"跟"の２つの意味拡張から考える～　／63

3.　動詞からみる前置詞の選択関係　65

3.1　相互動詞　／66

3.2　伝達動詞　／69

3.2.1　伝達動詞がなぜ前置詞を必要とするのか　／70

3.2.2　それぞれの前置詞の比較からみえるもの　／71

3.2.2.1　"跟"と伝達動詞との結びつき　／71

3.2.2.2　"向"と伝達動詞との結びつき　／72

3.2.2.3　"給"と伝達動詞との結びつき　／75

3.2.2.4　"対"と伝達動詞との結びつき　／77

3.2.3　伝達動詞と前置詞についてのまとめ　／80

3.3　視覚動詞　／84

3.3.1　なぜ視覚動詞が前置詞を必要とするのか　／84

3.3.2　視覚動詞と前置詞の選択がとりまくもの　／85
3.3.2.1　前置詞と目的語との結びつき　／85
3.3.2.2　動詞の語彙的特徴からみる　／89
3.3.3　視覚動詞と前置詞についてのまとめ　／94
3.4　ノンバーバル動詞　／95
3.4.1　なぜノンバーバル動詞が前置詞を必要とするのか　／96
3.4.2　ノンバーバル動詞と前置詞の結びつき　／96
3.4.3　ノンバーバル動詞と前置詞のまとめ　／100
3.5　心理活動をあらわす動詞・形容詞　／100
3.5.1　なぜ心理活動をあらわす動詞・形容詞が前置詞を必要とするのか／100
3.5.2　心理動詞・形容詞と前置詞の関係　／101
3.5.3　動詞フレーズによって前置詞が変更される場合　／104
3.6　小結　／105

4.　動詞フレーズから前置詞の選択をみる　　　　　　　　107
4.1　前置詞を選ぶ条件とは　／107
4.2　問題提起〜"対"と"把"の選択条件の契機とは〜　／108
4.3　検討が必要な動詞群（"対"∩"把"＝"対"と"把"が結びつく動詞の積集合部分）と文型パターン　／109
4.4　P+NP+V+O（Oは二音節動詞）　／114
4.5　小結　／120

5.　前置詞の文型から前置詞の意味・機能の特徴をさぐる　　　　　121
5.1　俞士汶2003『现代汉语语法信息词典』の[介词库]について　／122
5.2　文の中のPPの位置、否定副詞、助動詞の位置との関係から　／124
5.2.1　Group1："关于"、"基于"、"每当"、"至于"　／126
5.2.2　Group2："据"、"除"、"除了"、"对于"、"鉴于"、"正如"、"自从"、"作为"、"由于"　／127
5.2.3　Group3："本着"、"从"、"待"、"当"、"当着"、"对"、"根据"、"经"、"经过"、"连"、"连同"、"临"、"凭"、"凭借"、"顺着"、"通过"、"为了"、

"为着"、"依"、"依照"、"因"、"因为"、"在"、"照"、"照着"、"针对"、"遵照"、"趁"、"趁着"、"乗"、"按"、"按照" ／128

5.2.4　Group4："打"、"借"、"就"、"随"、"为（原因・目的）"、"沿"、"沿着"、"以"、"由"、"至"、"自" ／131

5.2.5　Group5："把"、"被"、"朝"、"朝着"、"给"、"跟（随伴、共同行為の対象）""管"、"和（随伴、共同行為の対象）"、"将"、"叫"、"尽jǐn"、"让"、"替"、"同（随伴、共同行為の対象）"、"往"、"望"、"为（行為の対象）"、"为（wéi=被）"、"向"、"向着"、"像"、"用"、"于"、"与（随伴、共同行為の対象）" ／132

5.3　文頭にくる前置詞フレーズについて　／134
5.3.1　文頭にくる前置詞フレーズに関する先行研究　／135
5.3.2　前置詞フレーズが典型的な文型（文型A）から文頭にくる過程／138
5.3.2.1　ケース1 "対（于）" ／138
5.3.2.2　ケース2 "从" ／140
5.3.2.3　ケース3 "到" ／142
5.3.2.4　ケース4 "在" ／143
5.3.3　前置詞フレーズが文頭にくることが可能な前置詞　／144
5.3.4　文頭における前置詞フレーズ　まとめ　／146
5.4　前置詞フレーズが2つならぶとき　／147
5.4.1　PP_1とPP_2の入れ替えが不可能な場合　／150
5.4.2　PP_1とPP_2の入れ替えの可能性がある場合　／153
5.5　小結　／157

6.　終わりに～まとめと今後の課題 ……………… 161

【附論】辞書における動詞項目にいかなる前置詞情報を盛り込むべきか ……… 165
0.　はじめに ……… 166
1.　調査方法と調査の対象 ……… 167

2. 調査結果……168
　2.1　前置詞に関連する記述があるか　／168
　2.2　前置詞を用いた例文を載せているか　／173
　2.2.1　前置詞への配慮　／175
　2.2.2　対象をとる前置詞のばらつき　複数使える場合の違いに対する断りが乏しい／175
　2.2.3　相互動詞にからむ前置詞について　／176
　2.2.4　一つに絞れそうな前置詞がある　／177
　2.2.5　形式動詞"进行"、"加以"とからむ前置詞　／178
　2.2.6　日中辞書比較〜前置詞情報を焦点にして　／178

3. 辞書にほしい情報とは……179
　3.1　動詞の側から　／179
　3.1.1　目的語に対象をとれない動詞やＶＯ構造の語が他の対象をとる際に前置詞が必要になるが、そのような語には前置詞を用いた例文が必要かどうか　／179
　3.1.2　動詞の後ろに目的語をともなえるにもかかわらず、前置詞によっても目的語を引き出した場合の例文が必要かどうか　／181
　3.1.3　後ろに目的語をとれる動詞が、ある制限の中でとれない場合、前置詞をともなう例文が必要かどうか　／181
　3.2　前置詞の側から　／181

4. まとめ……184

【参照文献】……185

【附表】動詞からみた前置詞のコロケーションリスト……193

索引……237
あとがき……243

現代中国語における
前置詞の機能分化と動詞とのかかわり

中西千香

0.　序章

0.1　はじめに

　本書は、現代中国語における前置詞（介詞とも。以下、統一して、前置詞と呼ぶ。）の機能と動詞とのかかわりについて議論しようとするものである。
　現代中国語における前置詞にはどのようなものがあるのか。前置詞は動詞起源と言われるが、動詞から前置詞へ変遷する過程で、前置詞として、どのような機能を獲得してきたのか。前置詞の虚化による機能の分化の変遷のタイプをみ、また一方で前置詞フレーズの後続の動詞との関係をみていくことで、前置詞の新たなとらえかたをさぐりたい。
　筆者は、前置詞フレーズに後続してあらわれる動詞フレーズが前置詞の機能分化をみるために重要なものであると考える。
　前置詞の機能をみる場合、従来の見方は前置詞とその後ろにあらわれる名詞フレーズをみることに重点がおかれている。しかし、実際に前置詞を使う場合は、前置詞単独で使うことはできず、さらには前置詞フレーズのみだけでも使うのも普通難しい。つまり、後ろに動詞フレーズをともなって、はじめて前置詞構文を形成することができるのである。
　前置詞は動詞が何らかの理由で後ろに目的語をとれない場合にその目的語を引き出すのが本来の役割である。動詞が目的語を直接とれる場合は、前置詞を使う必要はない。どういった対象が前置詞とともに引き出されているのか、さらにその後ろにはどのような動詞がきているのか、動詞と前置詞の関係をみることは非常に重要である。
　動詞と前置詞の関係を考える場合、前置詞と動詞の結びつきが一対一で対応しているものもある。しかし、一つの動詞に対し、複数の前置詞が対応

◇ 序章 ◇

する場合がある。たとえば、対象がヒトの場合は、動作主と対象の関係(目上、目下、同僚、情報提供者、受益者)や対象の人数(個人か大勢か)などがその要因となる。

いずれにせよ、中国語母語話者は文を書いたり、発話をする際に、これらの要因によって、自由に前置詞を選んでいる。しかし、わたしたち中国語非母語話者にとって、この使いわけは容易ではない。個々の前置詞の機能を知ることと同時に、動詞における前置詞選択の要因とは何かを考えてみたい。

本書は6章からなる。

1.では前置詞とは何かについて考える。これまでの前置詞研究では、その多くが前置詞フレーズを形成することにだけ重点がおかれ、定義でも前置詞とその目的語になる名詞の格関係だけに注目して述べたものがそのほとんどである。

しかし、前置詞構文のほとんどは前置詞フレーズとともに後続の動詞フレーズがなければ成立しない。結びつく動詞にまで視野を広げて前置詞をみた場合に、前置詞をどう定義づけるべきかを1.で考える。

2.では、現代中国語の前置詞の"对"と"跟"を例にとり、動詞用法から前置詞用法への変遷の過程をみる。前置詞用法の中でも、前置詞がより虚な機能を獲得することで、結びつく動詞やつくられる構文のパターンにも変化がみられる。この変化の過程を例文とともに一つ一つ検討していく。

3.では動詞の側から前置詞との結びつきをみる。中国語の動詞は前置詞との関係が、必ずしも一対一対応ではなく、複数の前置詞を選ぶことが可能である。

ここでは、まず、前置詞をとる動詞をいくつかのグループに分類し、そのグループの中で前置詞を選ぶ傾向をみる。

また、一つの動詞にとって結びつき可能な前置詞が複数ある場合は、何を要因にそれぞれの前置詞を選ぶのかをみる。後続の動詞の動作性や動詞の語彙的特徴、主体と対象(前置詞の目的語)との関係が前置詞を選ぶ要因となる。

しかし、3.での検証だけでは、前置詞を選ぶ要因をみつけられない場合がある。つまり、動詞と前置詞との関係だけではなく、動詞フレーズまでみなければならないケースである。4.では、動詞フレーズによって、前置詞の選

択に異なりがあるパターンについてみる。

5.では、前置詞がつくる構文パターンによって、前置詞の分類を試みる。構文パターンの中でも文頭に前置詞フレーズがくる場合、どのような前置詞フレーズがくる可能性があるのか、また、どのような理由によって、文頭にくるのかをさぐる。

そして、一つの文に前置詞を2つ以上使う場合、どういった前置詞が2つ以上ならぶことが可能か、2つならぶ場合、どういったルールの中で順番が決められているのかについてもみてみたい。6.では、全体の議論をまとめ、残された課題と今後の展開を述べた。

巻末の【附論】では、現行辞書における動詞項目の前置詞記述についての現状と問題点について述べる。

また、最後に【附表】として、動詞から検索する前置詞リストを載せる。今回は中国政府が中国語非母語話者に向けて世界で実施している検定試験であるHSK[1]の受験者用に作られた、『HSK词语用法详解』(北京语言大学出版社、2000年、約8000語収録)を参考に作成した。リストにあげた動詞はHSKが定める4つの単語レベル（やさしいほうから甲級、乙級、丙級、丁級）のうち、甲級と乙級の動詞をピックアップし、なおかつ前置詞と結びつく可能性がある動詞にしぼり、その動詞と結びつく可能性がある前置詞とその例文をあげた。

本リストは、中国語の表現の中で一つの動詞がどこまでの前置詞と結びつく可能性があるのか、必須の前置詞と言うものが存在するのか考える上でのたたき台として、作成したものである。

以上、本書が教学面、学習面において、中国語の前置詞、そして、動詞と前置詞の関係を理解する一助となれば望外の喜びである。

【付記1】
　インフォマントには浙江出身北京在住8年の20代女性、西安出身30代男性、西安出身北京在住20年の40代女性、山東出身北京在住20年の40

---

[1] 中華人民共和国教育部が設けた中国語非母語話者に向けておこなっている試験。HSKは"汉语水平考试"の発音（Hànyǔ Shuǐpíng Kǎoshi）の頭文字の略称。

代女性、北京出身 20 代女性、北京出身 30 代女性、山東出身 20 代女性にお願いした。

【付記 2】
　本書はこれまでの論文・原稿を修正したものと一部書き下ろしによって、構成されている。これまでの論文・原稿は以下のもの。

中西千香 2002「"対"の意味・機能と文法化（虚化）」『愛知論叢』73 号
　　　:PP65-88
中西千香 2004a「"対"の動詞性弱化による意味・機能の変化について」修士論文（未刊行）
中西千香 2004b「発話の対象を引き出す前置詞（介詞）について」
　　　『中国語教育』第 2 号 :PP34-53
中西千香 2005a「"跟"の意味拡張について - 結びつく動詞を通して」
　　　『中国語学』第 252 号 :PP210-228
中西千香 2005b「前置詞の意味役割について〜"向""対"を中心に〜」
　　　『日本中国語学会第 55 回全国大会予稿集』:PP188-192
中西千香 2007「動詞における前置詞選択の契機—"対"と"把"を中心に」
　　　『中国語教育』第 5 号 :PP70-84
中西千香 2008「辞書における動詞項目にいかなる前置詞情報を盛り込むべきか」『中国語教育』第 6 号 :PP177-195
中西千香 2010「現代中国語"対"における機能分化について」『言語と文化』22:PP35-53
中西千香 2011「機能からみた前置詞の再分類—実から虚へ」『愛知県立大学外国語学部紀要』言語・文学編（43）:PP313-332

0.2　先行研究と問題点

まず、現代中国語における前置詞（介詞）についての先行研究を整理したい。

前置詞（介詞）はかつては"次动词"や"辅动词"、"副动词"、"半动词"、"准动词"とも言った。名称からわかるように、これらは動詞起源であり、動詞用法が虚化して、前置詞と言う品詞名を獲得したのである。

もちろん、完全に虚化をして、前置詞の用法だけを有するものもあるが、動詞用法と前置詞用法のいずれをも有しているのがその大半であり、動詞用法なのか、前置詞用法なのかの判断が難しいグレーゾーンの用法も存在する。

また、前置詞それぞれの虚化の変遷と虚化の広がりも個々に異なる。そのため、虚化の流れの大枠としては共通するものがあるが、その広がりは個々の前置詞で検証する必要がある。

前置詞の役割について、多くの文法書では、おおむね、次のように記述している。

「名詞フレーズの前におかれて、前置詞フレーズをつくり、対象や方式、場所、時間、比較をあらわす虚詞。単独では述語になることはできない。"了"、"着"、"过"のアスペクト助詞をつけることはできない。重ね形もできない。」

筆者は、この説明を理解できないわけではない。しかし、前置詞フレーズを含む文の構成から考えると、この説明ではどうも物足りない。以下で議論

2　"次动词"は、丁声树1961『现代汉语语法讲话』の序と第11章で、この名称を使用している。それより前は"副动词"としていたが"副词性的动词"と誤解されるのを避けるため、"次动词"に改めた。"半动词"、"准动词"は高名凯が1940『汉语介词之真价值』で、この名称をつけている。その後、高1949『汉语语法论』では、"受导词"としている。同書:313で、動詞の後ろにつく前置詞フレーズ"我住在北京"を例に、「"在北京"がフレーズで、"北京"が"在"を引き出す"引导者"であり、"在"は"北京"に引き出された"受导者"である」としている。総称で使われている"介词"は西洋語の"介词"とは違うことを理由に"介词"と言う術語は使っていない。"副动词"は、呂淑湘『语法修辞讲话』で名づけている。同書:9に、述語の中の主要な成分になれないものを"副动词"と呼ぶ。述語の中の主要な成分になれても、常に副次的成分となる場合、"副动词"とするとある。

3　『现代汉语知识大词典』:495、『语文知识词典』:185参照。

◇ 序章 ◇

をしながら不足な点を補っていくことにする。

現代中国語の前置詞について、もっとも具体的に書かれたものに傅雨賢ら1997がある。

傅雨賢ら1997では、まず、第1章で前置詞についての概説をする。中国語の前置詞は動詞起源であり、その動詞起源からどのように前置詞になったのか、また、動詞と前置詞の文法的な違いについて細かく述べている。

また、第2章以降では、各前置詞（"把"、"給"、"在"、"除"、"比"、"从"、"向"、"往"、"朝"、"跟"、"対"）を個別にみながら他の関連する前置詞との相違を述べ、前置詞が導く目的語となる格について言及している。

傅雨賢ら1997では、前置詞の相互比較、前置詞の各々の役割については、細かな分析がなされているが、前置詞が導く目的語と後続の動詞との関連についての分析は深いとは言えない。

また、前置詞と前置詞フレーズについて書かれたものに、金昌吉1996がある。金昌吉1996もこれまでの前置詞研究を概観し、前置詞の特徴、機能による分類、前置詞と動詞の異なり、前置詞が導く目的語、類似する前置詞の比較、前置詞フレーズの文法的位置による使われ方、前置詞が導く格について、前置詞を用いる場合と用いない場合、文章の中での機能などについて、それぞれ細かく述べている。

つまり、これらは前置詞そのものの機能や前置詞ごとの比較をおこなっていても、前置詞フレーズと後続の動詞フレーズの関係にまではほとんど言及していない。もちろん、前置詞がとるものがヒトであるとか、場所であるとか時間であるとかのように、前置詞がとるものについてみることも非常に重要である。しかし、前置詞（フレーズ）はあくまで文を構成する一成分でしかない。やはり、前置詞を知るうえでは、後続の動詞とのつながりまでみる必要があるのではないだろうか。

以下では、前置詞とは何かについて、再度検討し、それぞれの前置詞が持つ機能の特徴や後続の動詞とのコロケーションをみながら中国語の前置詞について考えていきたい。

なお、いわゆる、動詞の後ろにくる「前置詞フレーズ」[4]については、前置詞として扱うべきかどうかと言う問題があるし、また前置詞として扱った場合でも、前置詞の用法としては、別に扱う必要があるので、本書では多くはふれない。

4　たとえば、朱德熙1982『语法讲义』:175では、"介词结构（介詞フレーズ）"は、介詞とその目的語が組みあわさったものを言うとあり、あらゆる介詞フレーズは述語フレーズの一つ前に直接つく成分になる。また、少数の古典的表現からなる介詞からなる介詞フレーズは述語フレーズの直接後ろにつく成分になれると述べている。ただ、"送到家里"は"送到／家里"であって、"送／到家里"ではなく、述補構造であるとしている。また、"住在家里"については、"住／在家里"と"住在／家里"の２つの分析方法があるが、朱は後者の立場をとり、"在"は前の動詞の補語であると言う立場をとっている。

1. 前置詞とは何か、前置詞の定義

　ここでは、現代中国語においての前置詞とは何か、前置詞はなぜ必要なのかについて考えていきたい。まず、各文法書では、前置詞に対してどのような記述をしているだろうか、以下をみていこう。
　たとえば、『现代汉语知识大词典』:495には、

> 　1. 又称前置词、次动词、复动词。指用在词或词组前面，组成介宾词组，表示时间、处所、方向、对象等的词。常见的介词有：(1) 表示处所、方向的，如："从、自、打、于、由、朝、往"等。(2) 表示时间的，如："自从、打、当、趁"等。(3) 表示方式的，如："经过、通过、按照、拿、按"等。(4) 表示依据的，如："根据、遵照、本着、凭、据"等。(5) 表示原因、目的的，如"因、为了、为"等。(6) 表示对象的，如："对、对于、关于、至于、把、将、同、跟"等。(7) 表示被动、比较、排除的，如："被、叫、让、比、除、除了"等。
> 　介词的语法特点是：不能单独充当谓语，不能单独回答问题；不能重叠，后面不能附着"着"、"了"、"过"等；介词能和名词、代词及名词性词组等组成介宾词组，充当句子成分。现代汉语的介词绝大部分是由动词演变来的，因此有些词同时兼有动词和介词两种语法功能。
> 　介词和动词的主要区别是：(1) 动词意义实在，介词意义虚灵。(2) 动词之后能够附加"着"、"了"、"过"，介词不能。(3) 除连动句、兼语句外，在一般主谓句中已有谓语中心的，它们是介词，否则是动词。

とある。こちらは文法用語辞典である以上、より細かな文法的ルールまで記載されている。

一般的な説明は以下のような、『现代汉语词典 第五版』:702 に代表されるものである。

> 用在名词、代词、或名词性词组的前面，合起来表示方向、对象等的词，如"从、自、往、朝、在、当（方向、处所或时间），把、对、同、为（对象或目的），以、按照（方式），比、跟、同（比较），被、叫、让（被动）"。

どの文法書もほぼこのような記述で、「語やフレーズの前におかれて、ともに用いられて、時間、場所、方向、対象をあらわす（引き出す）」と言うものである。

この説明では、どうして、どのような場合に前置詞を使うのかと言う点にはくわしくふれていない。

なぜなら、通常、動詞がこれらの対象を直接、目的語としてとることが可能な場合がある。その場合、前置詞を使う必要はない。どういった目的語をとると言うことだけでは説明がたりない。

また、前置詞フレーズの後ろにあらわれる動詞フレーズについても無関心である。前置詞フレーズにとって、後続の動詞フレーズとの関係は切っても切れない関係である。これらの諸文法書では、前置詞と前置詞の目的語との（格）関係についてはくわしく説明しているが、中国語非母語話者からすれば、この説明だけで前置詞を使いこなせるとは思えない。では、前置詞の定義をどのようにするのが良いのだろうか。

その前に、現代中国語における前置詞がつくる構文についてみたい。現代中国語の前置詞は、大きくわけて以下の3つの構文をつくる。

文型A：$NP_1 + \boxed{P + NP_2} + VP + (NP_3)$。
文型B：$\boxed{P + NP_2} + NP_1 + VP + (NP_3)$。
文型C：$NP_1 + V + \boxed{P + NP_2}$

文型Aはほとんどの前置詞が許容する。文型A、文型B、文型Cすべてを許容するのは"在"のみである。文型A,文型Bだけを許すもの("为"、"对"、"根据" etc)や文型A、文型C（"给"、"往"、"向" etc）だけを許すものもある。
　また、"从……上／里"のように、いわゆる"框式介词"になって、文型Bを許容するものもある。また、"关于"のように後続の動詞と切りはなれて、単独用法を許すものもある。
　文型Aでは、否定副詞や助動詞などの修飾成分は通常前置詞フレーズの前におかれる。これは、当該前置詞がまだ完全に虚詞化しておらず、まだ動詞性を保持していることのあらわれである。
　そして、より虚な用法をすればするほど、前置詞フレーズの前に修飾成分をおけなくなる。実際、文頭にくる文型Bの場合、前置詞フレーズの前に修飾成分はおけない。この文型Bは典型的な前置詞用法よりも、より虚な、新たな文法機能を獲得したと言えよう。
　本書では、典型的な用法である文型A、より発展した用法となる文型Bを中心に議論をしていくことにする。
　文型Cについては、これを動詞の後ろにつく前置詞フレーズとしてみる考えや動詞とともに使われる複合動詞としてみる考え、また結果補語として扱う考えなどがある。これについては、本書で多くは述べないが、必要に応じて、ふれることにする。
　前置詞が動詞起源であること、そして、使用の頻度から、本書では典型的な前置詞構文を以下のように決める。

　典型的な前置詞構文、文型A：$NP_1 + \boxed{P + NP_2} + VP + (NP_3)$。

5　Circumpositions の中国語訳。名詞を前置詞（preposition）と後置詞（postposition）ではさんだかたちのもの。"介词框架"とも言う。

6　张斌2000:88でも副詞や助動詞の修飾を受けることを介詞が実詞性を残す証拠としている。

7　文型Cを前置詞フレーズとするかは再考の余地がある。宋1996b:147でも前置詞の後の停頓や"了"をともなえることから疑問を呈している。ただし、先行研究の多くは前置詞フレーズが補語となったとしている。

8　Li and Tompson1983:285 でも、第九章 動介詞・介詞の中で、同じ構文をあげている。{主語・主題} 動介詞＋名詞片語 動詞（名詞片語）

◇ 第1章 ◇

　この文型を基に、前置詞の定義を考えるならば、次のとおりになる。

　「前置詞とは、後ろに名詞性成分（対象となるヒト、モノ、時間、場所、方向など）をともなって、前置詞フレーズを形成する。通常その後ろには原則動詞フレーズがなければならない。前置詞は何らかの理由で動詞の直後におけないあるいはおかない名詞性成分を引き出すために用いる。」

　つまり、ある動詞にとって、NP_3 にくるものには制限がある。したがって、その制限からはずれる NP（たとえば、ヒト、モノ、場所、時間）を引き出すには、前置詞がなければならない。
　また、一般的に典型的な前置詞構文（文型 A）の場合、否定副詞や助動詞も前置詞の前にくる場合もあることもその特徴と言える。これは前置詞にまだ、動詞性を残していることをしめしている。もちろん、より虚な用法をすればするほど、これら修飾成分は前置詞の前におかれなくなる。
　石毓智ら2001では、連動式の第一動詞の位置にくるものが、その位置で用いられることが固定されていくことで、動詞から前置詞へ移行していくとしている。
　そうであるならば、前置詞フレーズの後ろに動詞フレーズがあってはじめて、それを前置詞と呼ぶことができるのではないか。
　しかし、本書ではこの枠にあてはまらないものも「周辺的な前置詞構文」としてとりあげ、前置詞の用法に含める。これについても分析を試みたい。ここでとりあげる「周辺的な前置詞構文」の共通する条件は次のとおりである。

①そこでの前置詞はもともとの動詞としての実義はうすれており、すでに動詞用法ではなく、より虚な用法と言えること。
②「典型的な前置詞構文」からすでに逸脱していること。

　たとえば、前置詞フレーズが文頭におかれるパターン（文型 B）がそれ

にあたる。これは動詞的用法とはすでに言えず、動詞性のうすれた、前置詞の用法としてもワンステップすすんだ、新たな文法機能を獲得したものと言えよう。

　前置詞の中には、この「周辺的な前置詞用法」を許すものとそうでないものがある。また、中にはすでに文頭におくことが用法の主たるものとなっている前置詞もある。

　これらの前置詞の文法的位置や機能をみる中で、前置詞を分類し、個々の前置詞の意味・機能や前置詞構文のパターンについて考えてみたい。

　また、前置詞がとる目的語によって分類すると以下のようになる。これは先述の『現代汉语知识大词典』：495に基づく分類である。[9]

① 場所、方向を引き出す："从"、"自"、"打"、"于"、"由"、"朝"、"往"など。
② 時間を引き出す："自从"、"打"、"当"、"趁"など。
③ 方式を引き出す："经过"、"通过"、"按照"、"拿"、"按"など。
④ 依拠するものを引き出す："根据"、"遵照"、"本着"、"凭"、"据"など。
⑤ 原因、目的を引き出す："因"、"为了"、"为"など。
⑥ 対象を引き出す："对"、"对于"、"关于"、"至于"、"把"、"将"、"同"、"跟"など。
⑦ 受身、比較、排除するものを引き出す："被"、"叫"、"让"、"比"、"除"、"除了"など。

　これらは目的語によって分類されたものである。それぞれの前置詞が何を引き出すかと言うことはわかったとしても、どんな動詞と結びつき、どう言う場合にその前置詞を用いて引き出すことになるのかまではみえない。この分類はかなり大雑把で、中国語非母語話者にとって理解することは、非常に難しい。

　これらを本書で取り組む、動詞との結びつき、文法的位置、機能に応じた分類をした場合は、これとは異なる分類になるだろう。

9　それぞれ、本文では"表示……"と記されているがフレーズをつくってそれをあらわすのであり、前置詞自体はそれをあらわすわけではない。また、分類は大まかなものであり、それぞれの用法でさらに別の再分類が可能であろう。

また、後続の動詞フレーズとの関係については、3. 以降で個別にみるが、これは前置詞の機能を考える上で、重要な要素である。
　本書では、前置詞が動詞用法からより虚な前置詞用法に向かう過程を結びつく動詞とともにみ、また、前置詞がつくる文型、結びつく動詞、修飾成分の入る位置などを検証していく中で、前置詞とは何かをさぐっていきたい。

2. 前置詞の機能分化のプロセス
　　〜2つのタイプからみる〜

　本章では、前置詞"対"と"跟"の実から虚に向かう2つのタイプの変遷を通して、前置詞の意味・機能の分化や、前置詞の動詞性弱化にともなう、結びつき可能な動詞の広がりについてみていく。
　"対"は、同一空間内において対面で向かいあっていることをあらわす動詞から対象を取る前置詞となった。動詞から前置詞へ移行する過程において、動作主と対象（目的語）との関係や後続の動詞フレーズとの関係に変化があり、5つの段階に分類ができる。"対"は、文型Aから文型Bに向かって、前置詞の変遷の機能分化のグラデーションがきれいにでる例である。
　また、"跟"も付き従って移動することをあらわす動詞から対象を取る前置詞となったのだが、これも動詞から前置詞へ移行する中で動作主と対象（目的語）との関係が変化し、結びつき可能な動詞も変化している。その種類は多岐にわたり、興味深い例と言える。こちらは文型Aを有するのみで文型Bまで広がりはない。
　これら2つのパターンを通して、文型、目的語、後続の動詞フレーズの変化をみていきたい。

2.1 "対"について

　"対"は1.で説明した中の文型A（典型的な前置詞構文）と文型B（前置詞フレーズが文頭にくる文型）のパターンをつくる。
　以下、"対"の分類をするにあたり、まず、"対"の動詞用法からより虚な用法へ変化する過程に着目し、"対"を分類してみたい。
　まず、"対"の動詞から移行する過程をみよう。"対"はかたちからは、動

詞用法の"対着"、その内部が複雑な"対"、最も動詞性が弱化した"対于"の3つにわけられる。さらに、文型に基づいて、Level1 から Level5（以下 Level=L と略す）の5つに分類した。

この5つについて、どのような違いがあるか、この5つのレベルを文型とともに簡単に説明したい。

L1：NP_1 +"対着"+ NP_2　　　　　　動詞"対着"+場所
L2：NP_1 +"対着"+ NP_2 + VP + NP_3　動詞"対着"がつくる連動式
L3：NP_1 +"対"+ NP_2 + VP + NP_3 または NP_1 +"対"+ NP_2 + Adj
　　※"対着"にも"対于"にもおきかえ不可能なものがこの類に属する。
L4：文頭にこない、NP_1 +"対／対于"+ NP_2 + VP + NP_3
　　　　　　　　　　または NP_1 +"対／対于"+ NP_2 + Adj
L5：文頭にくる、"対／対于"+ NP_2 +（NP_1 +）VP + NP_3
　　　　　　　　　　または"対／対于"+ NP_2 +（NP_1 +）VP/Adj

"対"は、「動作をする方向、目標をしめす」と諸文法書にあるが、筆者はこの"対"の現代中国語の中心義は、動作主体（NP_1）と対象（NP_2）を直線で結ぶような、「同一空間における対面関係」を約束する「〜に向かって」と考える。

上のレベルで言うならば、L1 と L2 は動詞用法である。L3 の中は前置詞用法とみなせるが、動詞性をまだ残す"半動半介"なものからより虚な用法に移行する過程がみえる。L4、L5 はすでに動詞性を失い、最も虚な用法と言えよう。

また、述詞についてみると、[－状態性] と [+ 状態性] に分類ができる。この [－状態性]、[+ 状態性] に着目すれば、L1、L2 の述詞はすべて [－状態性]、L3 以降では述詞のかたちによって、[－状態性]、[+ 状態性] に分類される。もっともこの [－状態性] は静かな動作に限られる。

そして、"対"フレーズに続いてあらわれる述詞が [－状態性] から [+ 状態性]へ移行すると、否定副詞などの修飾成分が動詞フレーズや形容詞の前にくる。これもより虚な用法へ移行しているとみられる要因の一つである。

L4 と L5 は"対／対于"相互のおきかえが可能なものである。これらの目的語には主にコト的なものがくる。この２つの差は、典型的な文型 A（L4）を選ぶか文頭にくる文型 B（L5）を選ぶかの違いである。文型 A の中にあらわれる"対于"については、前置詞フレーズの前に否定副詞や助動詞をおけないが文頭にはないと言う点で、L4 と L5 の中間と言えよう。

　そして、文頭にきた文型 B（L5）は"対／対于"にかかわらず、前置詞フレーズの前に修飾成分をおけない。したがって、L5 は前置詞の用法として、最も虚の用法となる[10]。この"対"が文頭にくることによって、いかなる機能を獲得したかはのちに述べる。

　以下、L1 から順に各文型の特徴、動作主と対象の関係、文法的機能についてみていこう。

2.1.1　L1　NP₁＋"対着"＋NP₂

　L1 は動詞用法で、主体と対象の位置関係が「同一空間における対面関係」をつくっている。

1)　两家大门正対着。『八』（二軒の家の入り口は向かいあっている。）
2)　这所房子対着宽宽的大马路。『日』（この家は広々とした大通りに面している。）
3)　灵宝车站，北面正対着与铁道平行奔流的黄河;……『夜』（霊宝駅は北側がちょうど鉄道と平行に流れる黄河に面している。）
4)　当天晚上大约八点多钟，我见他躺在床上看小说，后脑勺対着我。『走』（その日の夜、おそらく八時頃、彼がベッドの上に横たわって小説を読んでおり、後頭部はわたしの方に向いているのをみた。）

　1）は、向かいあう２つ（ここでは２軒の家の入り口）が主語にきている例

10　中西2002では"対"をL4、"対于"をL5としていた。しかし、思考を重ねた結果、"対／対于"の違いで副詞がおけないことも機能化がすすんでいる一つの要因と考えた。それと同時に文中での位置も文頭におかれたかたちのほうがより機能化した用法であると考えるのでこの分類に変更した。

◇ 第2章 ◇

である。2)〜4) は目的語に向かいあう場所がくる例である。主体と対象（目的語）にあらわれるものは、主に山や川のような場所や物体としてのヒトである。

　この類の特徴としては、モノ対モノの関係のものが多く、たとえ、ヒトが目的語としてあらわれたとしても、ここでは、物体としてとらえたヒトである。

　たとえば、4) で対面関係にあるものは一見、ヒト対ヒトではあるが、互いの顔が向きあっていることがここで必要な要因ではない。ここで重要なのは、ある物体（後頭部）とある物体（わたし）が対面関係であることであり、主体と対象（目的語）の間の意思疎通は存在しない。これらの文はみな"対"では非文であり、"対着"でなければ成立しない。

　ところで、"対着"の解釈は先行研究や文法書・辞書によって異なるが、全体的にはこれを前置詞とする説も存在する。諸文法書による、"対着"の扱いを【表2-1】にまとめた。

　"対着"の扱いは、前置詞"対"に「"着"をつけられる（可以加"着"）」と考えるものや、動詞"対"＋"着"と考えるものもある。虚詞辞典で"対着"をあげないものは動詞とみなしているともとれるが、何も言及がないものについては、その判断は読み取れない（【表2-1】では△で表示）。

　前置詞"対"に「"着"をつけられる」と言う解釈についても説明が足りないし、他の前置詞に"着"をともなったものの説明と比較しても物足りない。

　たとえば、『現代汉语虚词词典（北京大学出版社）』では、前置詞"対"に対して「"着"をつけられる」としているが、"跟"では同じ注はみられず、"跟"の意味項目に「"跟着"の意」とするにとどまっている。

　また、"向"は"向（着）"とされ、この他に"着"についてふれることはないが、これとは別に前置詞"向着"を別に項目を立て、「"向"に"着"をつけることで文を書面語化させる（筆者訳）」と注記している。[11] 前置詞によって、動詞からの虚のすすみ具合が異なるため、同じような説明ができないとしても、一つの前置詞に対して辞書によってここまで解釈が異なるのは理解に苦

11　许维翰・郑懿徳1982『现代汉语常用词语例解』:460 にも同様「書面語の中で"向"に"着"をつけることがある（筆者訳）」と言う説明がある。ただ、この説明がすべての虚詞辞典にあるわけではなく、『现代汉语虚词词典（北京大学出版社）』:455 のように、「"着"をともなうことができる（筆者訳）」と言う説明だけにとどまっているものもある。

しむ。
　そして、"対着"＋場所の"対着"を動詞と記してあるものでも、後に動詞フレーズがくる場合にまで言及した書は少ない。

【表2-1】"対着"の扱い（中西2002から再作成）

書名	前置詞	動詞
1『現代汉语虚词』		○
2『现代汉语虚词词典』商务印书馆	○	
3『现代汉语虚词词典』北京大学出版社	○	
4『现代汉语虚词词典』上海辞书出版社		"対着"＋L(場所)は動詞と言う説明有
5『现代汉语虚词词典』语文出版社	例文ともに記載なし	△
6『现代汉语八百词』		○
7『近代汉语语法研究』		○
8『实用现代汉语语法』		"対着"＋Lは動詞と言う説明有
9『汉语口语语法』	○	
10『现代汉语介词研究』	○	
11『汉英虚词词典』	例文ともに記載なし	△
12『HSK词语用法详解』		○
13『现代汉语虚词例释』	"対着"に関する記載なし、例文なし	
14『动词用法词典』	"対着"＋Lはあるが、"対着"＋NP+VP+NP例文なし	
15『应用汉语词典』	動詞の説明に"対着"＋Lはあるが、動詞、前置詞ともに"対着"＋N+VPの例文、説明なし	

　近年の研究では、儲澤祥2004が"対着"についてふれている。そこでは、"対着"の扱いが曖昧なことを指摘し、"対着"は動詞"対"＋"着"が虚化したもので、これを「完全に介詞化していない介詞」としている。
　儲論文は、"対着"の虚化の段階を対象が無生物か有生物かで3つに分類する。そして、筆者の言うL1を動詞とし、L2は前置詞で「動作の方向を

しめす」としている。儲論文でも空間性についてふれてはいるものの、とりたてて論じてはいない。

　また、"対/対着"の違いを検討したものに万2013がある。万論文は儲論文を受けて、"介詞"対着""とし、『八百詞』に"対着"の介詞用法についての言及がないと指摘する。しかし、それは呂氏が"対着"を介詞用法とする立場をとっていないからであり、出発点が異なる。

　筆者は"対着"は、動詞"対"に持続をあらわすアスペクト辞"着"をともなったものと考える。この動詞"対"の意味は、「同一空間における対面関係」をしめすものであり、この対面関係の持続をあらわすために"着"が用いられているのである。儲論文が言う、「動作の方向」は副次的なものと考えたい。したがって、他の"為着"、"順着"、"沿着"とは異なる。

　たとえば、"為着"は"着"をともなっていても、持続の意味はすでにない。また、"順着"、"沿着"は"着"のない単独用法が現代中国語にはなく、これらは、"X着"で前置詞と認めてもいい。万論文は一貫して、"V着"そのものが虚化して、前置詞となったと主張する。筆者は"為着"、"順着"、"沿着"については納得できるが、"対着"については賛成できない。

　再び、"対着"に戻ろう。筆者は"対着"は"対"が動詞から前置詞へ向かう過程で、"対"だけでは「同一空間における対面関係」をあらわしにくくなり、"着"が動詞性維持のmarkerとなり、"対着"となったものと考える。つまり、"対"のみではすでに前置詞としての性格が強く、「同一空間における対面関係」をはっきりとあらわしづらく、"着"をつけ、"対着"となってはじめて動詞としての面を浮きたたせようとしているのである。

　これに似たものに、"跟"がある。"跟"は"跟上（後ろにくっつく）"や"跟上来（ついてくる）"のように補語をともなえることや"你跟我来。（わたしについてきて。）"のように"跟"自体に明らかな動詞用法がある。このことは、"対"よりもまだ動詞としての機能を残していると言えよう。

　しかし、"跟"は目的語だけをとる場合、"我跟着你（あなたについていく）"のように"着"を必要とする。これは"対着"が"着"を必要とするのと同

12　現行辞書では"沿着"、"順着"、"為着"は見出し語に収録している。"対着"を見出し語とする辞書はない。

じく"着"をつけることで"跟"の動詞用法を保証しているのである。

　筆者の結論は、"対着"の"着"は、前置詞の接辞ではなく、"対"の動詞性維持のための"着"であり、動詞＋"着"の"対着"が虚化して前置詞となったのものとは考えない。これについては次節でくわしく検討する。

2.1.2　L2　NP_1＋"対着"＋NP_2＋VP＋NP_3

　L2 は L1 の後に動詞句が付加されたもので、連動式を形成する。

　5)　対着大山深深地吸一口气，……『老』（大きな山に向かって、深々と深呼吸をした）
　6)　……，七八个人带着悲戚的面容，対着那具尸体发愣。『废』(…、7、8人の人が悲壮な面持ちで、その死体に向かって呆然としていた。)
　7)　他们対着湖面呼喊：……『天』（彼らは湖面に向かって叫んだ）
　8)　我跑过去対着他的耳朵大喊：……『十』（わたしは走っていって、彼の耳に向かって叫んだ）
　9)　他们対着他感激地笑。『寒』（彼らは彼に向かって、感謝のあまりほほえんだ。）
　10)　……大家装出惊奇和羡慕的脸色，対着我看。『学』（…みな驚きとまた一方うらやましそうな顔つきをして、わたしをみた。）

　NP_2が場所や物体（無生物）の場合は、L1 と同様、「同一空間における対面関係」がなければならない。そして、NP_3がヒト（有生物）の場合、物体としてのヒトではなく、NP_2の意思表示の対象に移行している。ただ、ここでは意思表示がNP_3に伝わっているかは問題ではなく、一方的なNP_2の伝達行為だけが認められるだけである。また、NP_3の語彙的意味にかかわらず、動詞フレーズは［－状態性］で、体の一部分でおこなうような、動きの静かなものに限られる。

　これらの文の中でまず伝えたい情報は、主体と対象が「同一空間における対面関係」にあることである。

このうち L2 のみでみられる、5)～7) のような文は "対着" でなければ成立不可能である。これは、"対着" にして、主体と対象が「同一空間における対面関係」にあることを強調しているのである。後続の動詞は極めて動きの静かなものに限られてくる。

一方、8) 以下、対象がヒトで動詞が伝達動詞や視覚動詞、それに体の一部分でおこなうような動作は L3 に引き継がれていく。

L2 は石 2002 が言うように "対" が前置詞に転化する一つのステップとも言えるだろう[13]。

2.1.3　L3　NP$_1$ ＋ "対" ＋ NP$_2$ ＋ VP ＋ NP$_3$
　　　　またはNP$_1$ ＋ "対" ＋ NP$_2$ ＋ Adj

L3 は、L2 より "対" の動詞性がうすれ、「同一空間における対面関係」を必要条件としなくなっていく。ここでも後続の動詞フレーズは動作性の弱い、比較的静かな動作に限られる。"対" 構文の動詞フレーズには一貫してこの特徴がみられる。また、動詞フレーズが結果をともなう場合は、"把" がその役を担う[14]。

L3 の述詞は ［−状態性］(2.1.3.1) と ［＋状態性］(2.1.3.2) に分類される。ここでの ［−状態性］の述詞も動きの静かな、身体の一部分でおこなう動詞や伝達動詞、形式動詞（行為動詞）である。［＋状態性］はより抽象的な、態度・感情をあらわす動詞や形容詞、認識をあらわす動詞である。まず、これらについてみていく。

13　同第 21 章参照。同論文のポイントは以下のようになる。V$_1$OV$_2$O の連動式で、V$_2$ が主要動詞で、V$_1$ が副次的動詞になるが、V$_1$ の位置にあらわれる頻度が上がって、V$_1$ の位置にしかあらわれることがなくなると動詞から文法化を経て、前置詞と言う一類が生まれるが、前置詞としての品詞のみ（"把、被、以、自、于" など）、動詞の中でも前置詞と動詞の中間にあるもの（"比、跟、到、在" など）、V$_1$ の位置にあらわれることがあっても、頻度的には主要動詞としてあらわれることが多いので、品詞としては動詞とみるのが妥当であるもの（"看、说、去、陪" など）と言う 3 つにわかれる。

14　中西 2007 で "対" 構文と "把" 構文の分業について述べた。前置詞フレーズの後続の VP の動作性、結果性が強いもの、VP が VR を形成すると "把" 構文になるとした。本書では 4. を参照。

2.1.3.1 動きの静かな動詞グループ ［－状態性］

L3 の中でも述詞が［－状態性］になるものには、以下の（1）～（3）の動作に分類ができる。

(1) **身体の一部分でおこなう動作** " 笑 "、" 微笑 "、" 看 "(" 瞧 "、" 望 "、" 端詳 "etc)、" 摇头 "、" 点头 "、" 鞠躬 "、" 摇手 "、" 招手 "、" 龇牙 "、" 使眼色 "…

以下の例は、"対着"ではないが、これらの動作は、動詞の語彙的特徴から言って、「同一空間における対面関係」が約束されていないといけない。対象が無生物の場合は、L2 と同じく、物体との対面関係ととれるが、ヒトの場合は、単なる物理的な対面関係よりも、一歩すすんでこれらの動作行為による何らかの意思伝達の対象となっている。これらは、L2 から引き継がれている、体の一部でおこなわれる動作である。

11) 常觉你站在我低垂的雪帐外，哀哀地对月光而叹息！『暮』（いつもあなたが、わたしが低く下げたとばりの外に立って、悲しそうに月光に向かって、ため息をついていることに気が付いていた。）
12) 说着，他拿出个信封对我晃了晃，这是爸爸写给他和张姨的信。『茂』（そう言って、彼は封筒を取り出し、わたしの目の前でちらつかせた。それは父が彼と張おばさんに宛てた手紙だった。）
13) 章明清对她摇手。『悲』（章明清は彼女に向かって手を振った。）
14) 他对我摇摇头。（彼はわたしに向かって首を横に振った。）
15) 我对他看了一眼。（わたしは彼をちらっとみた。）
16) 她对我笑了一下。（彼女はわたしに微笑んだ。）
17) ……，我只见清瘦的我的女人抱了我们的营养不良的小孩在火车窗里，在对我流泪。『还』（やせた妻がわたしたちの栄養不良でやせた子供を抱いて、列車の中でわたしに向かって泣いているのがみえた。）
18) 我对她点一点头，她也对我点一点头。『还』（わたしは彼女に向かっ

てうなずき、彼女もわたしに向かってうなずいた。）

19) 我<u>対她</u>手招一招，教她等我一忽，她也<u>対我</u>手招一招。『还』（わたしが彼女にわたしをしばらく待つよう手を振ると、彼女もわたしに手を振った。）

　11) は対象が無生物の例で、「同一空間における対面関係」は、動詞が求める必要条件である。12) 以降の動作も主体が対象と「同一空間において対面関係」でなければ文が成立しない。
　L2とL3の大きく異なる点は、L2では"対着"によって、主体と対象が「同一空間における対面関係」であることを強調していたが、L3の場合は、後続の動詞が、「同一空間における対面関係」を保証している。
　ただ、"着"をともなわない点から言えば、"対"が絶対的に「対面関係」であることを保証することよりも、意思伝達の対象を引き出す機能のほうに移行していると考える。これは次の（2）の伝達動詞につながっていく。

(2) **伝達動詞**　"说"（"谈"、"讲"）、"解释"、"说明"、"汇报"、"发表"、"要求"、"起诉"、"起誓"、"喊"、"吆喝"、"提出 (+NP)"、"表示 (+NP)"、"保密"、"隐瞒"、"隐讳"……　→ "対"目的語（対象）がヒトの場合：L3
　　　　　　　　　　　　　　　→ "対"目的語（対象）が事柄の場合：L4

　伝達動詞がくる場合は、上にしめしたとおり、目的語がヒトの場合とコト的なものの場合がある。目的語がヒトの場合にあらわれる伝達動詞は、主体から発話の対象への単方向的なものである。
　目的語がコト的なものの場合、その"対"は"対于"にもおきかえ可能となり、より虚なL4へ移行していると考えられる。ただし、L4についてはここではふれずに、対象にヒトがきた場合であるL3についてのみ述べる。
　また、"保密"、"隐瞒"等も伝達動詞の類に入れた。これらの動作はちょうど、"说"の反対の"不说"につながる動作とみなせるからである（以下"不说"

類動詞とする)[15]。以下、例文とともにみていこう。

20)　有什么想法，对大家说吧。(马真1988より引用)（何か方法があれば、みんなに言ってください。）
21)　你对老王解释一下这件事情。(王さんにこのことについて説明して下さい。)

　L3で、かつ伝達動詞がくると、主体と対象が「同一空間における対面関係にある」と言う側面がうすれてくる。上の2つの例文について言えば、対面関係にあると考えてもいいが、同一空間に存在しない場合も充分に考えられる。
　次の例は、「同一空間における対面関係」にないが"対～说"が成立している。

22)　优优在电话里对我说道：『平』（優優は電話でわたしに言った…）
　　＊优优在电话里对着我说道：

　この例は主体と対象が「同一空間における対面関係」にないため、"対着"におきかえることはできない。つまり、ここでの"対"は、すでに物理的に「同一空間における対面関係」を成立させることができなくなり、単に発話の対象を引き出す機能として用いられていると言える。"対"の動詞性の弱化は、このあたりからはじまっているわけである。
　"対"が伝達動詞とともにあらわれる場合、"対"は対面関係をつくる機能よりも伝達行為の対象を引き出す機能を得たと言えよう。そして、対面関係をつくる機能が弱化すると同時に"対"は、他のものではなくその目的語に対してと言う[＋焦点化]の機能を持ったとも考えていいだろう。
　また、以下の2つの"不说"類の動詞についても、「同一空間における対面関係」の条件を満たさなくても文は成立する。

15　中西2005でも"跟"と伝達動詞との結びつき、"不说"類との結びつきについてふれた。本書では2.2.1.4、3.2.2.1を参照。

23) 这件事不能再对他保密了。『白』(この件はもうこれ以上彼に黙っているわけにはいかない。)
24) 另一种是她的经历已经不需要对人隐瞒。『绝』(もう一つは、彼女の経歴はすでに人に隠す必要がなくなったと言うことだ。)

(3) 形式動詞（"进行"、"加以"、"给予"、"做"、"作出"、"实施"etc）＋NP、"负责任"類（"负／责（任）"、"承担／责任"）
　　　　　　　　　　　→対象がヒトや具体的事物の場合：L3
　　　　　　　　　　　→対象が事柄の場合：L4

　先の（1）、（2）で「同一空間における対面関係」がなくなり、意思伝達の対象を引き出す機能へと移行する過程をみた。この類では、施しの対象として移行する過程をみよう。後続の動詞の目的語には行為名詞がくる。
　また、固定したかたちの"负／责任"類も具体的な動作ではないのでこの類に入れた。ここでも"对"の目的語の語彙的意味により、L3とL4にわかれるが、ここではL3についてのみ述べる。

25) 仿佛是我在对她进行一次"口述实录"，……『回』(あたかもわたしは彼女に口述記録を取っているようだった…)
26) 国务院司法行政部门依照本法对律师、律师事务所和律师协会进行监督、指导。『法』(国務院司法行政部は本法律に則って、弁護士、弁護事務所、弁護士協会に対して、監督、指導をする。)
27) 她了解我的想法，从未想对我加以改变。『爱』(彼女はわたしの考えを知っているので、これまでわたしを変えようとは思ったことがない。)
28) ……在孩子心脏停跳后我们又对血液做了一次化验，……『绝』(……子供の心臓が停止した後、われわれはまた血液を検査した…)
29) 她说我可以对她作个妇科检查。『在』(彼女はわたしが彼女に婦人科検査をしてもいいと言った。)
30) 我也应该对他负责任。(わたしも彼に対して責任を負わなけれ

ばならない。）

25）は、動作自体は伝達動詞的な動作と考えていい。この類の動詞をここにおくのは、これらが［－状態性］だからである。ただ、［－状態性］とは言え、動詞としては動作性が弱く、対象に何らかの変化を及ぼすことはない。[16]このように、"対"は静かな動作との相性が良い。

2.1.3.2　［＋状態性］の述詞

　　　　　　　　　　→対象がヒトや具体的事物の場合：L3
　　　　　　　　　　→対象が事柄の場合：L4

L3のもう一つの特徴である、述詞が［＋状態性］を持つ類をみよう。この類の"対"目的語はヒトや具体的事物の場合とコト的なものの場合がある。コト的なものがくる場合は上述同様L4に属する。ここでは、L3に該当するものだけ検討する。

［＋状態性］の類でも、意味的によりコアなところにあるのは、ヒト対ヒトの関係からあらわれる、ヒトの態度や感情をあらわす形容詞からなるものである。

以下、何らかの心理描写をあらわす表現を（1）〜（4）の4つに分類して述べる。また、これらの文を否定する場合、否定副詞が動詞フレーズの前にくることも注意すべき点である。

（1）態度・感情をあらわす形容詞
　　　"怀疑"、"满意"、"热心"、"客气"、"恭敬"、"和蔼"、"好"、"热情"、
　　　"冷淡"、"认真"、"严格"、"负责"、……

31）他对我很好。（彼はわたしに対してとてもよくしてくれる。）

16　しかし、最近では次のように動作性の強い動詞がくる文を時折目にすることがあるが、インフォマントの中にはこれを拒否し、やはり以下のようになおす。例）"他对我做了一些不好的事。"
『绝』→"他做了一些对我不好的事。"

◇第2章◇

32）他对人很热情。（彼は人に対してとてもやさしい。）

33）我们的战士对敌人这样狠。『白』（我々の兵士は敵に対してこんなに手厳しい。）

この類は主語が主体、"対"の目的語は対応の対象で、ヒト対ヒトの関係から生まれる心理活動や感情をあらわしている。述詞にくる感情をあらわす形容詞は、対象が一人称の場合は、一人称自身の評価であるが、それ以外は、主体自身の評価ではなく、発話者の客観的な評価である。

(2) 態度・感情をあらわす"有"類動詞＋NP等："有"、"有"類動詞【"发生"、"失去"、"产生"、"充满"etc】了＋NP、感(到)+NP

34）他对我有兴趣。（彼はわたしに興味を持っている。）

35）我对老张有一点意见。『八』（わたしは張さんに少し不満がある。）

36）我忽然就对他产生了一种亲近感，这在以前是没有过的。『回』（わたしは突然彼に対して親近感を持った。それは以前抱いたことがない気持ちだった。）

この類は主語が感情の主体で、"対"の目的語がその後の感情をあらわす語を引き起こす要因となる対象である。この類の文は対象に対する主体の感情をあらわし、その感情の変化を"有"や"有"類動詞によってあらわしている。[17]

(3) 態度・感情をあらわす動詞　"注意"、"关心"、"信任"、"尊敬"、"尊重"、"讨厌"……

37）我对他很尊敬。（わたしは彼をとても尊敬している。）

38）我们对你完全信任。『八』（わたしたちはあなたを完全に信頼しています。）

---

[17] "有"類動詞の名称は、袁毓林1995によるもので、同:39に"发生"のような動詞を"有"に変化する動詞（"变成有"change to hold）とし、逆に"失去"のような動詞を"没有"に変化する動詞（"变成没有"change to not hold）とし、総じて"有"類動詞としている。

39) 在我的经验中，他是世上第一个懒人，因此我对他很注意：……『记』（わたしの経験の中で、彼はこの世で一番のなまけもので、だからわたしは彼に注目している。）

　この類は、上述の(2)と同じく、主語は主体で、"対"の目的語は心理活動を起こす対象である。これら心理動詞は、本動詞の直後に対象をとることができるが、"対"を介して対象を前に出して文を成立させた類である。対象を前置すると同時に、述詞に副詞を付加したり、状態補語にしたりして、前置する条件をつくっていると考えられる。
　これらの例でも「とりわけNP₂には」と言う[＋焦点化]がはたらいている。つまり、対象を動詞の後におくかたちがunmarkedであるのに対し、前置詞でもって引き出す場合はmarkedなのである。インフォマントによれば、これら"対"構文は突然使うことは難しく、何らかの前提が必要とのことである。宋1996a:28でも「動作の対象を引き出し、突出させることがその機能である（筆者訳）」としている。

(4) 認識をあらわす動詞　　"理解"、"了解"、"知道"、"谅解"、"懂"、"熟悉"……

　　40)　他对她知道得不多。（彼は彼女を良く知らない。）
　　41)　他对我们这些小知识分子十分熟悉。『虚』（彼はわたしたち小知識分子のことを十分知っている。）
　　42)　他正是那个人，我对这张有一道疤的脸熟悉极了。『堂』（彼はまさにあの人だ、わたしはあの大きな傷のある顔はよく知っている。）

　この類も、上の(3)と同様、実際は対象を後ろにとることができる動詞が、"対"を介して対象を前置し、文を形成している。ここでも各動詞になんらかの副詞や補語がついていることに注意したい。
　以上、"対"は「対面関係」を求めなくなり、述詞が[－状態性]から[＋状態性]に移り、否定副詞は動詞フレーズや形容詞の前におくことが可能になる。同様の状況は、比較の対象を引き出す"跟"にもみられる。

43) 我跟他不一样。(わたしは彼とは同じではない。)

この"跟"も動詞的な「後につく」意味はなく、前置詞フレーズの前に副詞がこない点でも、動詞性を失っていると言えよう。
ここまでは述詞が [−状態性] と [+ 状態性] のグループをみてきた。
以下では、[−状態性] の動詞がきても条件によって、[+ 状態性] に変化している例をみる。

2.1.3.3 [−状態性] の動詞がくる場合→[+ 状態性] への転化

"対"構文には述詞に動作性が強い動詞がくる場合もある。しかし、次の3つの条件によって、述詞を [−状態性] から [+ 状態性] に変えて文を成り立たせている。これらは"対"構文の枠組みが求めるものである。

条件：①否定副詞"不"をともなう
　　　②状態補語をともなう
　　　③助動詞をともなう

では、順にみていこう。

44) 她干脆対我和弟弟彻底不管了。(彼女はきっぱりとわたしと弟を徹底的にかまわないことにした。)
45) 他対我一点也不照顾。(彼はわたしに対してちっとも面倒をみてくれない。)

上の2つの例は肯定形では成立しない。動詞フレーズの前に否定副詞が入り、述詞が [+ 状態性] になり、"対"構文を成立させている。次の2つの例も動作性の強い動詞だが状態補語を形成し、[+ 状態性] となったもので

---

18 宮田・李 1992:69 にも、「謂語が一音節の動詞だけでは普通成立しない」と言う記述があり、何らかの修飾語を必要とする。

ある。

 46）她<u>对</u>我<u>照顾</u>得很好。（彼女はわたしに対して世話をとてもよくしてくれる。）
 47）爸爸<u>对</u>我<u>管</u>得很严。『中』（父親はわたしに対して、とてもしつけが厳しい。）

　動詞"照顾"、"管"自体は動作性が強いが、状態補語を用いることで、"対"構文を成立させている。次の例は、助動詞をともなって、述詞を［+ 状態性］にした例である。

 48）　因为我很要面子，但现在我真的发现我<u>对</u>她<u>可以</u>用上爱这个字。『我』（わたしにプライドが高いためだが、今わたしは彼女に対して愛というこのことばを使っていいのだと本当に気がついた。）
 49）……那为什么他<u>对</u>她<u>可以</u>收敛起所有的感情而配合她呢？『只』（…じゃ、どうして彼は彼女に対して、すべての感情を押し殺して、彼女に合わせられるのですか。）

　上の２つの例は"対"の目的語の後に助動詞をともなった場合で、助動詞を含めて、述詞を［+ 状態性］にしている。これらも助動詞がないとすわりが悪く、"対"構文としては成立しにくい。

2.1.3.4　副詞や助動詞の付加によってL3になるL4

　また、L3のグループには、次のようにコト的なものを目的語にとるが、"対"フレーズの前に修飾成分が入るものも含む。これらは修飾成分がなければ、L4になるところで、他のL3と性質が異なるが、"対着"、"対于"いずれにもおきかえられない。L3の中でもきわめてL4に近い、より虚な用法と言えよう。
　たとえば、以下のような文である。

50)　我们都对这个电影感兴趣。(わたしたちはみなこの映画に興味があります。)

51)　你应该对这个问题发表意见。(あなたはこの問題について意見を述べなければならない。)

　すでに諸辞書や諸文法書でもふれられているが、上の例のように、"対"フレーズより前に副詞や助動詞をともなう場合は、"対"の目的語がたとえコト的なものでも、"対于"では非文となり、おきかえることはできない。[19]
　ここでの"対"の動詞性は、すでにうすれているが、前置詞フレーズの前に修飾成分がおかれる点では、動詞としての文法的機能を残していると言えよう。
　ただ、50)で「興味がない」と言う場合、否定副詞"不"はやはり後続の動詞フレーズの前にくる。どちらの現象から文法的機能の"半动半介"の状況がうかがえる。
　そして、"対于"をつかう場合、前置詞フレーズの前には、いかなる修飾成分もおけなくなる。また、"対(于)"はコト的なものが目的語にきて、前置詞フレーズを文頭におくこと（文型Ｂ）も許される。もっとも、文頭にまでもってこられる前置詞はそう多くない。文頭にくる"対"と"対于"については2.1.4でよりくわしく検討する。
　なお、すでに相原1989では述語VPが状態・状況をあらわす静態的なものはＨ不型【後の部分を否定、例）我对他不感兴趣。(わたしは彼に興味がありません。)】、意志動作をあらわす動態的なものはＱ不型【"対"を否定、例）我不对他说事实。(わたしは彼には真実を言わない。)】であることを指摘し、述語VPがそれを左右するとあるが、そのほかの具体例はあがっていない。
　本章の否定形について言えば、L3の［−状態性］(2.1.3.1)までが前置詞フレーズの前に否定副詞をおく「Ｑ不型」であり、2.1.3.2以降は前置詞フレーズの後、後続の動詞フレーズの前に否定副詞をおく「Ｈ不型」になる。

19　たとえば、『八百词』:183にも、「"対于"を助動詞、副詞の後ろに用いることはできない。(筆者訳)」とある。

ただ、相原 1989 では述詞を H 不型と Q 不型とわけるだけにとどまっており、同時に起きている前置詞の動詞性の虚実との関係にはふれていない。

2.1.4
L4　NP$_1$＋"対（于）"＋NP$_2$＋VP＋NP$_3$ または NP$_1$＋"対（于）"＋NP$_2$＋Adj ならびに L5 "対/対于"＋NP$_2$＋（NP$_1$＋）VP＋NP$_3$ または "対/対于"＋NP$_2$＋（NP$_1$＋）VP/Adj

ここからは L4 の"対/対于"と L5 の"対/対于"について述べる。いずれのパターンでも、目的語にはコト的なものがきて、"対/対于"は互いにおきかえが可能である。

今一度確認しておくが、この 2 つは典型的な文型 A の L4、文頭にくる文型 B の L5 と言う文法的位置の違いである。

L5 は前置詞フレーズが主語より前の文頭にきて、後続の動詞フレーズとの距離が離れる。これは文型 A に比べて、より虚な用法である。

また、2.1.3.4 でもふれたが、"対于"は"対"にない制約があり、"対于"の前には、どんな修飾成分もおけない。この点では、"対"よりも"対于"の方がより虚な用法と言える。また、ここでも L3 と同様、述詞によって［−状態性］と［＋状態性］に分類できる。

2.1.4.1　［−状態性］のもの

この中にくる動詞は L3 と同様、動作性の弱いものに限られ、次の 2 つにわけられる。

(1)　伝達動詞
(2)　形式動詞＋NP、"负责任"類の場合

伝達動詞の場合の前置詞の目的語はコト的なもので、ここでは話の内容（話題）である。

52) 我们对／对于这个问题讨论了很长时间。(わたしたちはこの問題について長い間議論した。)
53) 他对／对于自己的过失从不隐讳。『応』(彼は自分のミスについて、これまで隠したことがない。)
54) 对／对于这个问题，他作了详细的解释。(宋1981より引用)(この問題について、彼はくわしい説明をした。)

　上の3つの例からわかるように、コト的なものを引き出す"对／对于"の後続の動詞は伝達動詞で、対象（事柄）に変化は及ぼさない。54）は形式動詞のあとの行為名詞が伝達動詞なのでこの中にいれたが、次に述べる形式動詞＋行為名詞は"对／对于"の文型で多くみられるものである。次は形式動詞を用いた例である。

55) 分局对／对于她们这起命案进行调查，……『绝』(分局は彼女たちのその殺人事件について調査をおこない…)
56) ……这本书对／对于美国的那个病例也做了记载，……『绝』(…この本はアメリカのその病例についても記載をしており…)
57) 律师可以设立合作律师事务所，以该律师事务所的全部资产对／对于其债务承担责任。『法』(弁護士は合同の法律事務所を設立することができるが、その法律事務所の全ての財産をもってその債務に対して責任を負う。)

　このように、コト的なものが目的語になって、形式動詞（特に"进行"）＋行為名詞の組み合わせをつくる頻度は高い。[20] ここでの行為も対象に対して何らかの変化を及ぼそうとしているわけではない。
　また、57）のような、形式動詞や"负责任"類は、法律や条例の条文に頻出の表現である。

20　刁2004:175 に"进行"と結びつく介詞の統計があり、"把"："对（于）"＝58：786とある。

2.1.4.2　[+状態性]のもの

　[+状態性]の場合も目的語がコト的なもので、L3と同様、態度・感情をあらわす形容詞や動詞を用い、述詞は以下の4つにわけられる。
　これらの文の否定副詞はL3と同様、動詞フレーズや形容詞の前にくる。

(1)　態度・感情をあらわす形容詞の場合
(2)　態度・感情をあらわす動詞の場合
(3)　態度・感情をあらわす"有"類動詞＋NP
(4)　認識をあらわす動詞の場合

　58)　小李<u>対／対于</u>工作非常<u>認真</u>。（傅ら1997より引用）（李くんは仕事に対してとてもまじめである。）
　59)　我最近<u>対／対于</u>他的学習情況很<u>担心</u>。（わたしは最近彼の勉強面が心配です。）

　58)は形容詞、59)は動詞の例である。"対"で対象（事柄）を引き出し、述詞には程度副詞がくる。程度副詞なしでは文は成立しない。以下60)、61)は"有"類動詞の例である。

　60)　他<u>対／対于</u>香港电影<u>有</u>一些看法。（彼は香港映画については、ある考えをもっている。）
　61)　我<u>対／対于</u>足球<u>产生</u>了兴趣，但有了兴趣不一定就懂得了足球。『门』（わたしはサッカーに対して興味がわいたが、興味をもったからと言ってサッカーがわかったとは限らない。）

　上の2つの例でも「他の映画／スポーツよりも香港映画／サッカーは」と言う[+焦点化]の機能を有している。以下の例は、認識をあらわす動詞の例だが、ここでも[+焦点化]の機能を有している。

62) 你问错人了，对／对于这个地方，我并不熟悉。『实』（あなたは聞く人を間違えている、ここについてはわたしも知っているわけではありません。）

63) 我对／对于这家公司的情况不太了解。（わたしはこの会社の状況についてはあまりよく知らない。）

2.1.4.3　［－状態性］の動詞がくる場合→［＋状態性］への転化

　［－状態性］から［＋状態性］になる現象はL4と同様に存在する。

64) 我们对／对于祖国历史要好好学习。（わたしたちは祖国の歴史についてしっかりと学ばなければならない。）

65) 我公安人员对／对于案件的每一细节都调查得很详细。『实』（わたしたち公安にたずさわる者は事件の細部にわたり、すべてくわしく調査をしている。）

66) 当局对／对于这件事一点也不管。『家』（当局はこの件に関して少しも関与しない。）

　"对于"と"对"は修飾成分をその前におけるか否かと言う点で機能的に違うが、修飾成分をおかない文では、この２つに本質的に違いはない。つまり、互いにおきかえは可能である。
　それでもなお、"对于"が存在するのはどのような理由からであろうか。筆者は、"对于"には、"对"と区別する何らかの機能が存在すると考える。
　以下、その違いについて考えてみたい。

2.1.5　"对"と"对于"の相違点

　"对"と"对于"のおきかえの可能性を考える場合、後にくる名詞がヒトかコト的なものかと言うことが鍵となる。次の例について考えてみよう。袁毓林1995:39によれば、"对"がつくるフレーズの場合、

例）对厂长的意见

の場合、"对厂长的／意见"と考え、「工場長に対する意見」とするか、"对／厂长的意见"と考え、「工場長の意見に対して」とするか、二義的だが、

例）对于厂长的意见

の場合は一義的で、「对于／厂长的意见（工場長の意見に対して）」にしかならないと言う。ここでは"对于"のかかる範囲が、ヒトだけでなく、"的"以降の抽象名詞まで目的語にとる傾向がある。

　一方、"对于"の目的語に代名詞を含むヒトのみの場合も文頭にくることもできる。この場合は、コンテクストによっては、"对（于）～来说"の意味になる。また、"对于～有＋NP"となる場合も同様に"对（于）～来说"と同じ意味をあらわす。ただ、この文型に当てはまる"有"の目的語には損得、良し悪しに関する名詞がくる。

67）　晨练对／对于身心健康很有益处。『对』（朝のトレーニングは心身の健康に有益である。）
68）　学习汉语对／对于我有好处。（中国語を学ぶことはわたしにとって利点がある。）

"框式介词"の"对（于）～来说"はこの枠に入るものはみなコト的にとらえ、「ある立場、側面、角度から言うと」となる[21]。ただ、文頭にくる文型Bを形成可能である点から言えば、これもL5に入れることはできる。これらはともに文頭にくることで、前提を提示する機能、話題を提示する機能を獲得している。

21　"对我来说"は"对于我来说"とも言え、これは単なる物体的なヒトではなく、内面的に切り取った「わたし」の一側面から言えばと言う意味と考えられる。

2.1.6　L4とL5の異なる点、L5が獲得する機能

　さて、L4からL5になることで、獲得した"対/対于"の機能とは何か考えてみたい。"対于"が目的語の射程をより長く取り、コト的なものを求める傾向があることは上でみた。そして、コト的なNP$_2$をとると、文頭にくること（L5）も可能になる。
　一方、L5になると前置詞の前に修飾語をとれなくなるが、文頭におかれることによって、いわゆる「とりたて（話題化）」の機能も獲得したと言える。たとえば、

　　69)　対/対于这个问题，他作了详细的解释。（宋1981より引用）（この問題について、彼はくわしい説明をした。）

　69)の"対/対于"には前述のとおり、[＋焦点化]の機能がある。[22]また、文頭にくることで「この問題については」と言うことが浮き立つ。つまり、話題化の機能を有したのである。このように文頭にくるかたちは他の前置詞でもみられる。たとえば、次の例である。

　　70)　在北京有好几种专门给日本人看的杂志。『美』：45（北京には何種類もの日本人向けの雑誌がある。）

　この"在"は動詞用法でもなければ、典型的な前置詞用法とも異なる。しかし、この位置でなければ成立しない。この"在"の用法も文頭におかれる"対"と同じく、「北京では」と言う前提提示、話題提示の機能を獲得していると言えよう。

22　田中1972:49に、"对于这个问题，另有看法。"を例に「この問題に対しては、別の見方があるという言い方には、「外の問題には別の見方はないが」という言外の意味が含まれている。」と言う何かと区別するニュアンスがあるとふれている。

2.1.7　まとめ

　以上、"対"の動詞用法から前置詞の中の機能を"対着"、"対"、"対于"の3つのかたちと前置詞の目的語の語彙的特徴や文法的位置からみた。

　次頁【図2-1】は"対"の動詞から前置詞用法に向かうL1〜L5とそれにともなう機能分化を図解したものである。

　動詞的用法から、動詞性が弱まって、"着"がとれた時点で前置詞となり、半動詞半前置詞、つまり"半动半介"の状態をへて、より虚な機能を獲得した。

　また、目的語がヒト的なものからコト的なものになることによって、対面関係の対象を引き出す機能から何らかの意思伝達の対象、施しの対象を引きだす機能へと"対"の機能も変化していった。

　そして、機能的には否定副詞や助動詞などの修飾成分が前置詞の前につくことができなくなり、最終的に前置詞フレーズは文頭にくることまでできるようになった。

　現代中国語の前置詞の中でも"対／対于"は、動詞から前置詞までの実から虚に向かう、文法的にも、意味的にも動詞性弱化のグラデーションが興味深くでている例と言える。

　他の前置詞と比較するならば、たとえば"跟"は動詞から前置詞の用法が"対"同様存在するが、文頭にくる文型Bまでは持たない。

　また、前置詞"把"の場合は「つかむ」と言う意味はうすれている。しかし、否定副詞の位置は、前置詞フレーズの前におくことから考えれば、まだ動詞性を残していると言えよう。

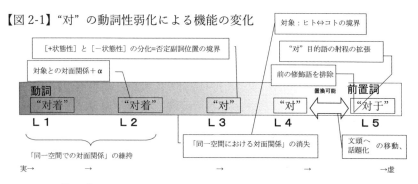

【図 2-1】"対"の動詞性弱化による機能の変化

以下の①〜③に"対"の機能分化をまとめた。

① L1、L2 までは目的語はヒトまたはモノ（物体）で、「同一空間における対面関係」であることを条件としているが、やがて、「対面関係」を強くもとめなくなり、対面の中での動作の対象として、ヒトまたはモノ（物体）を引き出す機能へ変化している。

② L3 では、目的語はヒトやモノ、コト的なものまで広がる。"対"フレーズの後の動詞フレーズによって、"対"の機能も変化している。目的語がヒトやモノの場合は、「同一空間における対面関係」が"対"から後続の動詞フレーズに求めるものへ変化している。コト的なものが目的語の場合は L4 に属すところだが、否定副詞など修飾成分が入る場合は"対于"にはできないので L3 になる。

④ L4 と L5 は目的語がコト的なものがくる。この 2 つは文型的な相違によって分類したが、L5 の"対/対于"フレーズが文頭にくることによって、"対/対于"の目的語の [+ 焦点化]、話題化が起こっている。

このように、前置詞の機能分化は、前置詞の動詞性弱化の程度、文法的機能、文法的位置、後続の動詞フレーズの状態性によって、記述できるのではないかと考える。

2.2 では"跟"の機能分化についてみていきたい。

2.2 "跟"について[23]

　本節では、現代中国語の前置詞"跟"についてみたい。前置詞の"跟"は、付き従っていく＝随伴義の動詞"跟"から派生したもので、動詞性を弱めながら前置詞へと移行している。

　前置詞"跟"については、動作の対象を引き出すだけの機能を持つだけで、特別なニュアンスを持たない。主体が方向や空間、発話の対象との関係に影響されずに発話の対象を引き出すことができる。つまり、ニュートラルな関係をつくるのである[24]。

　筆者は"跟"の意味拡張には、２つの過程があり、これらはともに随伴義"跟"から出発すると考えている。

　そのうちの一つは 2.2.1 以降に述べる、随伴義"跟"から空間的移動の対象を引き出すための"跟"、そして情報・知識を獲得する対象を引き出すための"跟"、言語活動、意思表示、心理活動の対象を引き出す"跟"へと意味拡張するものである。

　もう一つは 2.2.2 から述べる、同じく随伴義"跟"から出発するが、共同行為の対象、相互行為の対象を引き出す"跟"から、比較・異同・関係をあらわす対象を引き出す"跟"へと拡張するものである。

　以下ではまず、一つ目の流れについて考察したい。なお、それぞれの節のタイトルの後ろにでてくるAからIは 2.2.3 で図解した【図 2-2】で参照するためにつけたものである。

23　この"跟"は"和"や"同"、やや硬い書面的な"与"とはおきかえが可能である。"跟"に関しては、古川裕2000がよりくわしく、"跟"の動作の方向について、並列(A⇔B)、終点(A⇒B)、起点(B⇒A)の３つの型で主体と対象との関係を説明している。

24　荒川清秀 2003：40 にも同様の言及がある。

2.2.1　随伴義"跟"からの意味拡張　①
2.2.1.1　随伴義"跟"　Ⓐ

71)　你已经知道我是谁，为什么跟着我？（君はわたしがどういう人かもうわかっているのに、どうしてわたしについてくるのかい。）

72)　你跟我来。（わたしについておいで。）

73)　他跟着我进屋里来了。（彼はわたしについて中に入ってきた。）

このように用いられる"跟"は、歴史的に早い時期に最もよくみられた用法で、動詞"跟"の原型と言えよう[25]。

"跟"は動作主と対象との間に"前次后主"の関係をつくり、その後ろには移動動詞（"来"、"去"、"走"等）がくる。もともと"跟"だけで『現汉』の説明にあるように、「後ろについて同じ方向に行動をする」と言う意味があるが[26]、"跟"だけでは具体的な方向をしめさず、移動のニュアンスも弱い。そこで、後ろに移動動詞をともない、連動式として、付き従い、どう移動するかを説明するのである。

また、"跟"はもともと先導者とその後続と言う関係をあらわしていたが、そこから主人と従者と言う関係がおのずとうまれ、さらに意味変化をし、従者をあらわす語彙や嫁ぐ意がうまれたと思われる。

このような例は、于1996でも確認しているように元明以降からみられ、清末では"跟"の用法の中で最も多くみられたものである。

ここでの"跟"は、ヒト対ヒトの主従関係で用いる例が大半だが、ヒト対ヒト以外の例もあり、それは「対象に続いて、一緒に」と言う意味で用いられる。これは以下の2.2.1.2へつながるものである。

---

[25]　于江1996には、"跟"の本義は「かかと」であり、元明以降に動詞用法があらわれると言う。そこにみられる動詞は"跟"＋ヒト＋移動をあらわす動詞（于1996では"去类动词"）が主で主体と対象との間には"前次后主（NP_1が従で、NP_2が主）"の関係がみられる。明末にはさらに虚化し、"前次后主"の関係がうすれ、移動しない動詞とも結びつくようになる。于江1996:463には"他曾劝我跟他修行，我不曾去罢了。（彼はかつて私に彼について修行するようすすめたが私は行ったことはなかった。）"（『西游记』第19回）をあげ、"修行"がすでに"去类动词"ではないことを指摘している。

[26]　『现代汉语词典第5版』:465には、"②动在后面紧接着向同一方向行动"とある。

2.2.1.2　空間的移動がうすれた随伴義 "跟"[27] B

　　74）跟我念。（わたしについて読んでください。）
　　75）我跟王老师学弹钢琴。（わたしは王先生についてピアノを習う。）
　　76）我跟广播讲座学习汉语。（わたしはラジオ講座で中国語を勉強する。）

　これら3つの例は 2.2.1.1 の随伴義から意味変化したものと考えられる。なぜなら、空間的移動から時間的移動と言うのは、意味拡張としては典型的な流れであるからだ。
　74）～76）は、時間的な移動の中で、技能・知識の獲得がおこなわれている。74）の"念"は、まねて音読すると言う動作であって、"学"、"学習"と類似する。または、"学"、"学習"の下位的活動と考えることもできるだろう。
　これらの例では移動義もうすれるが、ここでの"跟"は、"跟着"とおきかえても意味的に大きく変わることなく、非文にならないと言う点からみても付き従ってすすむイメージをまだ残している。
　また、前置詞の目的語には主にヒトがくるが、76）のようにアニマシーが高いものも入ることができる。

2.2.1.3　随伴義から「獲得」のための対象へ－知識・情報の獲得〜モノの獲得へ　C

　"跟"は空間的移動から時間的移動へと意味拡張してきたが、以下では移動のイメージもなくなり、単に知識・情報の獲得のための対象を引き出す"跟"へと拡張する。しかも、以下の"跟"は 2.2.1.2 とは違い、"跟着"におきかえられない。この点からみても、これらの"跟"はより虚な機能へと移

27　"跟〜学〜"の用法は早いところで、"你跟着谁学书来着。"『老乞大新释』（君は誰に勉強を習ったのか。）くらいからみられる。また、『儿女英雄传』にも、"你诸事跟你老师学，使得，独这条儿可别跟他学……（『儿』40:835）（あなたは万事先生を見習えばいいけど、この道だけは彼から学んではいけない…）"、"我可不是上山学艺跟着离山老母学来的！（『儿』8:114）（わたしは山に入って離山老母に学んだのではない。）"の3例がある。ちなみに、"跟"が伝達動詞と結びつく例はみられない。

◇ 第2章 ◇

行したと言える。[28]

77) 我想跟您讨教点儿事儿。『皇』（わたしはあなたから教えを請いたいのだが。）

78) 我是外地人，这件事你最好跟本地人打听打听。『汉』（わたしは地元民ではないので、このことは地元の人から聞くのが一番です。）

上の例は、知識・情報の獲得のために NP_1 が NP_2 にたずねると言うものである。また、以下の例は、何らかのものを獲得する例である。

79) 他跟杨老板请了几个小时的假，……『职』（彼は楊主人に数時間の休みをもらい…）

80) 我没有跟父母要过钱。[30]（わたしは両親にお金をねだったことがない。）

81) 我跟他借钱。（わたしは彼からお金を借りる。）

79)では抽象的な「休み」が、80)、81)ではすべて具体的なモノが目的語にきている。これは、一般に言われる、具体から抽象と言うスキーマ化に逆行しているようにみえる。

しかし、例文にあるような「休み」やモノの獲得はあくまでも結果であり、80)、81)を含め、これらには共通して、対象に対することばによるはたらきかけ、つまり言語活動が介在しているとみることができる。

一般に、この"跟"は「～から」と言う起点を引き出す"跟"と説明さ

---

[28] "着"のつく前詞には、他に"为着"、"随着"、"沿着"などがあるが、筆者はこれらと"跟着"が異なるものとして考えている。"为着"の"着"は接辞であり、"随"、"沿"は"着"がつくことで前詞として安定したかたちになっている。しかし、"跟着"は"跟"自体が前詞化へ向かう中で、"跟"の動詞性を保持するために、"着"がついたもので、この"着"のついた"跟"は動詞と考える。また、"对着"、"向着"なども同類と考える。

[29] "讨教"や"请教"は文体的特徴により、"向"と結びつく例が多いが、口語では"跟"と結びつく例も決して少なくない。また、"请教"は本来二重目的語をとる動詞だが、前置詞を用いて対象を引き出す用法もよくみられる。同じ現象は"问"にもみられる。

[30] 荒川 2002:31 では、"要"には①欲しい、②欲しいと言う、要求する、③もらう、と言う段階があると述べている。

れることが多い。[31]

　しかし、そうではなく、これらはいずれも、対象へことばによるはたらきかけをし、その対象を引き出すために"跟"を用いている。具体的なものや利益的なものの獲得はその結果に過ぎないのである。

2.2.1.4　動作の対象－言語活動 〜身体部位動作〜 心理・感情動詞へ
2.2.1.4.1　"跟〜"伝達動詞（〜に言う）　D

　2.2.1.3 までは、"跟"はことばによるはたらきかけ、言語活動をおこなうことで、知識・情報・モノの獲得をするための対象を引き出す機能を果たしていた。
　以下では、NP_1 と NP_2 の間に存在する言語活動のみが残り、言語行為の対象を引き出すための機能に移行（拡張）している。

　　82)　他也出去了，您有事跟我们说吧。『皇』（彼も出て行ったので、用があればわたしたちに言ってください。）
　　83)　我想跟他们说明一下。（彼らに説明しようと思います。）
　　84)　你别跟我开玩笑。（わたしに冗談を言わないで。）
　　85)　有啥话你就说啥话，别跟我绕脖子。『兰』（言いたい事があったら言え、遠回しに言うな。）
　　86)　他就跟他们的负责人交心了。（彼は自分たちの責任者に心のうちを打ち明けた。）
　　87)　我跟你认错儿。『那』（間違いを認めます。）
　　88)　我跟你赔不是行不行？『皇』（わたしはあなたにあやまりたいのですが。）

31　2.2.1.3 であげる例は全て、『八百词』:230 や傅雨贤ら 1997、侯学超 1998、古川 2000 などの論文で $NP_2 \rightarrow NP_1$、つまり、対象から主体へ（"从〜那里义"の動きと説明している。しかし、筆者は上で述べるように NP_1 からの言語行動があって、はじめて NP_2 の動作が存在すると考える（中西 2004:40）。储诚志 1992:419 にもこの類の動詞を "求取义动词" とし、また "不但N1 针对N2 进行某种动作或行为V, 还表示N1 希望过V 从N2 那里获取某种东西" とあり、まず NP_1 から何らかのはたらきかけがあると述べている。

次章の 3.2.2.1 でも述べるように、"跟" と組み合わせ可能な伝達動詞の範囲は広い。"跟" 自体が対象を引き出す際に、他の前置詞のように何らかの条件をもっていないので、幅広く伝達動詞と結びつくのである。[32]

また、言語活動の延長として、87)、88) のような、その発言が同時に行為となる遂行動詞も "跟" と結びつく例としてよくみられる。

ここで興味深いのは、次にあげるように、動作が対象に向かわない、「伝えない」動作（"隐瞒"、"保密" 等、ここでは "不说" 類と呼ぶ）の対象を引き出すのにも "跟" を用いていることである。[33]

89) 你跟我们隐瞒什么呀？（あなたはわたしたちに何を隠しているの。）
90) 我们不用跟她保密。（わたしたちは彼女に内緒にすることはないですよ。）
91) 我爱人是上海人，但是平时跟我不说上海话。（わたしの妻は上海人ですが、普段はわたしに上海語を話しません。）

これらの「伝えない」と言う動作も一つの意思表示である。「伝えない、言わない」と言う行為も何らかの意思から起こる行動であり、次の身体部位動作による意思伝達行為や心理・感情の向け先を引き出すための "跟" の用法につながる。

2.2.1.4.2 "跟～" 身体部位動作（～に（身体部位で）合図、意思表示する）E

ここまでは、言語活動または「伝えない」動作についてみてきた。そこに共通しているのは、対象へのはたらきかけ、意思伝達である。

以下の例にある、いわゆる身振りはその拡張と考えられる。

92) 我跟她使了个眼色。（わたしは彼女にちょっと目配せをした。）

---

[32] たとえば、"向" の場合は、下の立場のものが上の立場のものへ何かを言う場合、より幅の広い対象へ向かう場合に用いられ、"对" はほかでもなく「誰に」と言う［＋焦点化］のはたらきを持つ。

[33] 储成志 1992:419 も、"不说" 類を "跟" と結びつく "语言传讯动词" のグループに入れている。

93) 我看见她在跟我招手。(わたしは彼女がわたしに手を振っているのがみえた。)

のように、単なる身体部位動作だけの場合もある。また、

94) ……,忽然有二个男生远远的跟我招手说再见。『女』(…突然2人の男子生徒が遠くからわたしに手を振ってバイバイしてきた。)

95) 刘顺明也站在台前跟大家点头哈腰赔不是,……『千』(劉順明も台の前に立ち、頭を下げて腰を曲げてみんなにあやまった…)

のように、身体部位動作に伝達動詞をさらに付け加えるかたちもよくみられる。身体部位動作に伝達動詞を付け加えることにより、動作主の動きや意思がよりはっきり伝わるのである。
　なお、これらの身体部位による伝達動作は単方向的なもので、"跟"の対象が一人称でない限り、対象に意思・感情が伝わっているか否かはコンテクストによる。

2.2.1.4.3 "跟～"態度・感情をあらわす動詞（～に感情を持つ） F

　"跟"はさらに、感情を向ける対象を引き出すのにも用いられる。人は通常、何らかの感情によって、言語活動や身体部位動作をおこなっている。また、以下の例でわかるように、何らかの感情を持つと言う、意思伝達動作に到達していない段階でも"跟"を用いてその対象を引き出すことができる。
　ここまでくると、述詞も［＋状態性］なものが多くなり、否定副詞も述詞の前にくる。この何らかの感情を持つと言うのも段階がある。段階的にみれば、感情を持っているだけで、これらの態度・感情が表出しているかどうかがわからない場合、無意識に表出している場合、意識的に表出させている場合などがある。それが、どの段階にあるかはコンテクストによる。

96） 你跟他生气?（あなたは彼に怒っているの。）
97） 你跟他客气一点儿。（彼に遠慮しなさい。）
98） 不是我跟他有意见，是他跟我有意见。（わたしが彼に不満があるのではなく、彼がわたしに不満があるのだ。）
99） 家父解放前跟金老爷子有些恩怨，……『皇』（父は開放前、金爺さんに恨みを抱いていた。）
100） 他一向跟我们不见外。（彼はずっと我々になれなれしい。）
101） 他跟谁也不亲，跟谁也不远。『別』（彼は誰とも親しくせず、また遠ざけもしなかった。）
102） 他跟谁都一样。『八』（彼は誰に対しても同じようだ。）

以上、"跟"の意味拡張の一つ目の流れをみてきた。以下ではもう一つの意味拡張の流れについてみていくことにする。

2.2.2　随伴義"跟"からの意味拡張　②

共同行為の対象を引き出す"跟"は随伴義"跟"からのもう一つの意味拡張と考えられる。「付き従う」行為は、当然ながら付き従う動作主とともに存在している。つまり、動作主と付き従う対象は、同空間での存在が認められるわけである。

そして、共同行為はその延長的な行為であり、基本的には同一時間、同一空間でおこなわれている。それが、相互行為となると動詞によっては空間的な同一性を求めずに、異空間でも可能になる。この場合、文自体に相互行為者があらわれていなくても、その存在が認められるだけで、文は成り立つ。

また、本節で述べる共同行為・相互行為、二者の比較・異同・関係の対象を引き出す"跟"は、"前次后主"の関係が徐々にうすれていく。

つまり、動詞性が弱まると同時に前置詞そして接続詞としての機能がより

34　"生气"の類としては、他に"发火"、"发脾气"、"置气"、"耍脾气"、"急"などもある。この類について、傅雨贤ら1997:167では「介詞"对"にあたる類」に入れ、本書での2.2.1.4.1の伝達動詞と同じグループにまとめている。筆者は感情をあらわす動詞を伝達動詞や遂行動詞からわけて、同じグループには入れていない。

前面にあらわれると言えよう。

2.2.2.1　共同行為の対象(共同行為者)を引き出す"跟"[G][35]

　ここで言う共同行為とは、複数でおこなわれる動作をさす。本来これらの動詞は、一人でも動作は可能だが、共同行為をおこなうために"跟"を用いて対象つまりその共同行為者を引き出すのである。
　これまでの"前次后主"の関係でおこなう動作は、「後について」同じ動作をしたのだが、共同行為の場合は、動詞性が弱まって、誰かの後についてと言う時間差のある動作から、二者が同時進行的にその同じ動作をおこなおうとするものとなった。
　そして、副詞"一起"が入ると、"跟"の動詞性がよりうすれ、共同行為であることをより鮮明にすることになる。

　　　103)　我跟他一起去。(わたしは彼と一緒に行く。)
　　　104)　她特別想在北海公園跟北京人一起练太极拳。(彼女は特に北海公園で北京の人と一緒に太極拳をしたがっている。)
　　　105)　我常常跟朋友一起唱歌。(わたしはいつも友達と一緒に歌を歌う。)

　103)は後ろに移動動詞がきた例であるが、ここでは"一起"がくることで、共同行為であることをよりはっきりさせようとしている。ただし、インフォマントの語感でも、まだ主従の関係、つまり"前次后主"の関係が完全になくなったとは言えないようだ。
　104)も同様に彼女はおそらく太極拳ができる、北京の人と同化したいと言う願望があり、主従の関係が存在していると考えるならば、随伴義は完全に消失したとは言えないだろう。105)の場合は対象が友達と言う、動作主により近い存在であることから、随伴義は上の２つの例よりもさらにうすれ

---

[35]　この文型は早期ではかつて"……不如跟他同去。"『倩女离魂』(彼と一緒に行ったほうがいい)のようなかたちであらわれる。"同"の受け持っていた役割が現代中国語においては"一起"へシフトしたのである。

◇第2章◇

ていると言えよう。
　つまり、対象が異なるとその主従がうすれてきていると言うことである。
　たとえば、"老师、妈妈"等の"高控制度名词"[36]の名詞である場合、主従の関係＝随伴義はまだ残っていると言えよう。

2.2.2.2　相互行為の対象（相互行為者）を引き出す"跟" [H]

　ここで言う相互行為とは、その動作を完成させるために2人または2人以上（あるいは2つ以上の団体）が必須の動作を指す。相互動詞は、必ず2人以上で同時進行的におこなう行為であり"跟"の動詞性がさらにうすれる。
　また、同行為は2人以上で完成される行為であるが、その行為は一方からのはたらきかけがなければはじまらない。
　ここでの"跟"の役割は、動作を完成するために、動作主が相互行為を成就するための対象を引き出すことにある[37]。

106）　我跟她结婚。（わたしは彼女と結婚する。）
107）　我想跟老师商量商量。（わたしは先生に相談したい／わたしは先生と相談したい。）
108）　要尽快跟厂里联系。『八』（早急に工場に連絡しなければならない。）
109）　您是高才，我哪能跟您比呀！（あなたはエリートだからわたしなんか比べものになりません。）
110）　跟那时比时世不同了。（あの頃とは時世が違う。）

　相互動詞は主語が"我们"など複数人称の場合、双方向的な動作である。

36　張国憲1997では、"厂长领导工人。（工場長は労働者を支配する。）"を例に、"领导"を上から下への方向を持つ動詞"高向动词"、"厂长"を支配力の高い名詞"高控制度名词"、"工人"を支配力の低い名詞"低控制度名词"と名付けている。

37　相互動詞の場合、"跟"の後に、"一起"がくると非文になるか意味が変化する。たとえば、"我跟他一起结婚。"の場合は、互いが結婚相手と言うわけではなく、それぞれが同時期に結婚すると言う意味になる。このように相互動詞に"一起"がともなう場合は一定のコンテクストの中でなければ成立しない。

しかし、"跟"を用いると、単方向的動作に傾く。つまり、一方からはたらきかけることで、双方向的動作に持っていくのである。
　もちろん、106)は、前置詞として考えれば、単方向的動作となり、接続詞として考えれば、わたしと彼女が別々に結婚すると言う意味になる。[38]
　しかし、インフォマントによれば、前者の意味でとらえるのが自然のようである。前置詞としてとらえて、「誰かが誰かと」と言う単方向的なニュアンスを持てば、そこですでにNP$_1$とNP$_2$の交換はできない。
　107)、108)、109)のように、NP$_1$と"跟"の間に何らかの成分（助動詞や副詞）をともなうと、NP$_1$とNP$_2$の交換が明らかに不可能になり、そうなるとこれが単方向的動作であることがよりはっきりする。[39]
　また、ここで問題にしたいのは、動詞"比（相比、比較）"の類の扱いである。『八百詞』、傅ら1997の中では、2.2.2.3.1のグループに入れている。
　上の"比"を含む110)は、109)や106)～108)とは異なり、NP$_1$とNP$_2$が相互行為の動作者でもない。
　また、2.2.2.3のような比較した結果の状態をあらわしているわけでもない。これは発話者が二者を比較する行為と言えよう。したがって、2.2.2.3へ拡張する過程と考えられる。

2.2.2.3　比較や関係の対象を引き出す"跟" I

　2.2.2.2で述べた"跟"は、NP$_1$（ヒト）が相互的な行為の対象（相互行為者）としてのNP$_2$（ヒト）を引き出すものであった。
　以下の例では、"前次后主"の関係はなくなり、主体NP$_1$と相互に比較・対照する対象NP$_2$を引き出す機能（2.2.2.3.1）や二者の関係をあらわすための対象を引き出す機能（2.2.2.3.2）に拡張している。

---

[38]　陶紅印1987:363でも、同文に多義が生じることについてふれ、この"跟"を前置詞ととるか、接続詞ととるかの問題について、重要な原因は相互動詞がもう一つの単数名詞と関係を起こすことができるからであるとしている。また、傅ら1997:156にも「(以下筆者訳)位置交換（NP$_1$とNP$_2$の交換）だけでは接続詞か前置詞か判断が難しい。小王と小劉がそれぞれ（別の人と）結婚する可能性があるが、前者ならば接続詞、後者ならば介詞である」と述べている。

[39]　現代中国語の中では、相互動詞は主として、"跟"を用いるのが自然だが、単方向的な"向"と結びついている例も存在する。例）"我再向大姉商量。"『学』（わたしは再び姉に相談した。）

主従の関係がなくなったと言うことはつまり、より虚化して、主体と対象をおきかえることが可能であると言うことになるだろうが、主体にきたNP₁が、あくまでもその文の話題であるので、簡単におきかえが可能であると言いきるのは難しい。

また、このタイプの文の中の述詞は［＋状態的］であり、否定をあらわす副詞等の状況語は述詞の前にくる。

なお、ここでのNP₁とNP₂はヒト対ヒトの他に、コト対ヒト、コト対コトまで広がりをみせている。これはこれまで述べてきた"跟"が引き出す対象とは異なる、新しい特徴と言えよう。

2.2.2.3.1 "跟"を用いて対象を引き出し、その対象と同等かどうかを比較する

比較・対照の対象を引き出す"跟"の後ろにくる述詞は、"相同"、"不同"、"(不)一样"、"差不多"、"相等"、"相像"、"相似"、"相反"などで、113)のように、形容詞をともなうこともできる。

111) 我跟她一样。(わたしは彼女と同じだ。)
112) 日本跟中国不同。(日本は中国とは違う。)
113) 我们的跟他们的一样好。(わたしたちのものは彼らのものと同じくらい良い。)
114) 这孩子长得跟他爸爸一模一样。(この子は父親にそっくりだ。)

---

40 刘月华2001:290に「介詞"跟"は甲乙両方が参与する動作行為の文の中にあらわれる。甲が主導的役割を果たし、主語の位置におかれる。乙は動作行為の参与者、関係者、あるいは動作の対象である、"跟"の後におかれ、介詞の目的語となる。甲乙の位置はおきかえできない。(筆者訳)」とある。しかし、その後に続く例文は、未整理で、本書での共同行為、相互行為、関係をあらわす文がでてくる。本書で前置詞と接続詞の区別の方法を論じる余裕がないが、前置詞と接続詞のいずれともとれる場合にせよ、NP₁とNP₂の位置を簡単におきかえ可能とはできない。

2.2.2.3.2 "跟"を用いて対象を引き出し、その対象との関係をしめす

先の例では、主体と対象を比較し、その結果、同じかどうかをしめす文であったが、"跟"はまた、さらに主体との関係をあらわすための対象を引き出す機能を持っている。

115) 我跟这个铺子的老板很熟。(この店の主人とは顔なじみである。)
116) 我跟他怎么也说不来，干脆就分手了。『H』(わたしは彼とどうしてもあわないから、きっぱりと別れることにした。)
117) 他去不去跟我完全不相干。(彼が行くか行かないかはわたしとは全く関係がない。)
118) 这件事跟每个人都有切身关系。(このことはみんなと密接な関係がある。)
119) 我跟这件事毫无关系。(わたしはこのこととは全く関係がない。)

ここでは、対象との関係と言っても、ヒトがNP_1かまたはNP_2のいずれかにくれば、心理的なものがかかわってくる。
しかし、これは 2.2.1.4.3 とは異なり、より客観的な双方の関係の評価を述べており、誰かに何らかの感情を抱くと言う主観的なものではない。

2.2.3 まとめ

以上、"跟"と結びつく動詞を通して、"跟"の意味拡張をさぐってきた。
【図2-2】は以上をふまえて作成した"跟"の意味の派生のプロセスをしめした図である。説明の便宜のため、各節にもつけた A 〜 I の記号を付した。

◇第2章◇

【図2-2】"跟"の意味拡張のまとめ

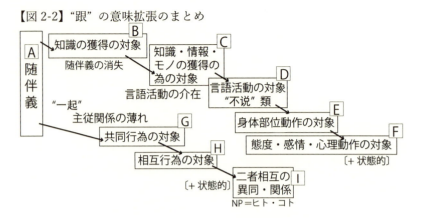

"跟"はAの随伴義を起点として、一つはB－C－D－E－F、もう一つはG－H－Iと言う意味拡張をしていったと考えられる。

一つ目のライン、二つ目のラインを通してみると、"跟"がつくる文はともに、NP_1が[+human]できているのだが、IまでくるとNP$_1$、NP$_2$ともに[±human]となり、NP$_1$、NP$_2$とも[−human]でも成立するところが大きな変化と言えよう。

今一度一つ目のラインに戻ってみてみたい。ここで、注目したいのは、言語活動の対象→身体部位動作による意思伝達の対象→感情・心理の対象を引き出す"跟"へと拡張をしていることである。李2003では、伝達動詞が心理動詞に派生する現象を紹介しているが、"跟"の場合は、それと結びつく動詞の範囲が伝達動詞から心理動詞まで広がっているのである。

通常、ヒトが内的・外的刺激を受けて、対象に対して何らかの意思伝達をする場合、心理的な動き、表情やノンバーバルな言語活動、そして言語活動と言う順で表現の鮮明さが増す。しかし、ヒトが言語を獲得した後、意思伝達表現を言語化する場合、"跟"と結びつく動詞は、言語活動、ノンバーバルな言語活動、そして心理的な動きへと、上で述べたこととは逆の広がりをみせている。

2.3 まとめ～"対"と"跟"の２つの意味拡張から考える～

　以上、"対"と"跟"と言う２つの前置詞の結びつく動詞を通して、その意味拡張をみてきた。
　"対"は動詞用法からスタートして、前置詞となり、文頭に前置詞フレーズをおくまでのより虚な用法まで持っている。現代中国語において、どの段階の用法も存在し、前置詞と結びつく動詞から"対"の動詞性の濃淡がきれいにみえる。
　一方、"跟"は「付き従う」意味の動詞用法からスタートし、「付き従う」から何か情報を得るための発話行為の対象を引き出す機能、単なる発話行為の対象を引き出す機能へと移行するラインと「付き従う」意味から主従関係がうすれて、共同行為の対象を引き出す機能、相互行為の対象を引き出す機能、同異をしめす二者の一方を引き出す機能へと変化するラインがあることをみてきた。"跟"には、"対／対于"のように前置詞フレーズが文頭にくる用法まではない。
　この２つの前置詞の意味拡張の経過は異なる。その意味拡張は、前置詞の中でも動詞性の濃淡の段階があり、その濃淡はいくつかの要因からみることができる。そのいくつかの要因は次のとおりである。一つは、後続の動詞によってである。後続の動詞の性質が対象を引き出す前置詞の選択の鍵をにぎると言えよう。
　もう一つは、前置詞がとる対象の性質、動作主との関係である。次章でもふれるが、対象がヒトかモノか場所か事柄かによってや対象の範囲が広いか狭いかなどが前置詞の選択の鍵をにぎっている。
　そして、文法的位置からもその前置詞の機能をみることができる。"対"では、文頭にまでくることによって、また、さらなる機能（話題化）を獲得した。このような用法は他の前置詞（"在"、"从"、"关于"など）にもある。文頭にくる前置詞が獲得する機能が、前置詞の機能化であり、意味拡張の終点と言ってもいいだろう。
　次章では、前置詞選択の要因となる動詞の性質との関係をみていきたい。

◇ 第2章 ◇

同時に、二つ目の要因である前置詞の目的語、つまり、対象の性質にも随時ふれることにする。

3. 動詞からみる前置詞の選択関係

　本章では、動詞と前置詞の結びつきの比較を通して、各々の前置詞の役割分担や比較からみえる前置詞の特徴について考えてみたい。
　中国語の動詞は、二重目的語をとる動詞でない限りは、ある一定の要素を目的語の位置にとるものがそのほとんどである。ある動詞がとることが可能な名詞フレーズの格は様々である。ただ、一つの動詞がどんな格をとることができると言うわけでもない。
　そこで動詞が直接、目的語としてとれない格を必要とする場合、その格を前置詞でもって引き出してくることになる。
　動詞の中には、この動詞にはこの前置詞と言うほぼ一対一対応が成立するわかりやすいものもある。しかし、また一方で、一つの動詞に対して、複数の前置詞が使用可能な状況が存在する。同じ種類の格をとるにしても、結びつく前置詞に複数の選択肢を持つ可能性があるのである。
　ただ、同じ種類の格をとるために異なる前置詞を選ぶにしても、前置詞が異なれば、その前置詞を選んだ話者の意図やその他の原因が必ず存在する。
　以下では、動詞を語彙的意味や文体などで分類し、それぞれの動詞が結びつくことが可能な前置詞を相互に比較し、各々の前置詞の意味・機能の差を、これら動詞の特徴や文中にあらわれる、主体と対象との関係などの角度から検討したい。
　まず、3.1 では相互動詞と結びつく前置詞をみる。中国語の相互動詞は特徴的で、対象を引き出す際には、前置詞"跟［和］"を用いる。そして、その中で、相互動詞の双方向動作をおこなう対象を引き出すのに用いる前置詞"跟［和］"が、単方向動作へ移行する現象もみられる。また、その結果、相互動詞でも一部の動詞（たとえば"联系"）が単方向動作となり、"跟［和］"以外の他の前置詞と結びつく例もみられる。

次に、3.2 では伝達動詞と前置詞の結びつきについて検討する。「話す」と言う動作は、通常、話す行為と付随して、意思伝達の対象、つまり話を聞く対象が存在することが前提条件である。中国語では、動詞の語彙的特徴に加えて、対象の人数や身分、空間的関係、主体と対象の関係などが要因となって、前置詞を選んでいることがわかる。

　また、何らかの意思を伝える行為は伝達行為だけではない。3.3 と 3.4 では、視覚動詞、ノンバーバル動詞についてそれぞれみていく。単なる「みる」と言う動作から、何らかの意思伝達が存在する視覚動作になったときには、3.2 でみる伝達動詞と前置詞との結びつきにリンクしてくる。ノンバーバル動詞にも当然、何らかの意思伝達が存在するので、やはり伝達動詞でみた前置詞の選択がここでもみられる。

　そして、何かを思うが相手には伝えない心理活動はどうであろうか。3.5 では、心理活動をあらわす動詞や形容詞と前置詞の関係をみていく。心理活動はあくまで、対象に対して、主体が何らかの感情を持つ動作であって、対象に何らかの伝達行為をおこなう段階にはいたっていない。このような動作と相性が良い前置詞は"対"である。ある対象に対して、感情を持つ持たないのような簡単な表現には問題なく"対"が使えるが、ひとたび動詞フレーズが結果性を帯びると"対"から"把"にその役割が交代することがある。ここではそのような例にもふれ、動詞と前置詞の結びつきを取り巻く状況について検討したい。

3.1　相互動詞

　相互動詞("結婚"、"打架"、"分手"、"握手"のように、2人以上でおこなう双方向的な動詞[41])の共同行為の対象を引き出す場合、その前置詞としては必ず"跟"が用いられる。この中にはあとでふれる伝達動詞も一部含まれる。

41　相互動詞とは、一人でその動作を実現不可能な、2人以上の参与者が必要な動詞のこと。陶紅印 1987 の定義では、複数をあらわす名詞性成分を要求するとあり、本書にある、主体が一人でも成立する相互動詞についても、もう一人の同位のシテが隠れていると述べる(同 :362)。また、相互動詞でありかつ伝達動詞と言うものには、"談"、"約"、"吵架〔吵嘴"、"争吵"〕"、"聊天儿〔閑談"、"閑聊"、"攀談"〕"、"商量〔商談"、"商討"、"商榷"〕"、"交談"、"討論"、"聯系"、"通話"などがある。

これらについては、次節と重複するかもしれないが、ここでは相互行為的におこなわれている伝達動詞であるので、この中でも議論することにしたい。

これらの相互動詞と"跟"の組み合わせが必須であるならば、"跟"の基本的役割は、

「2人ないし2人以上の複数でおこなう行為を実現する為にその行為をおこなう対象・仲間を引き出すことにある」

と言ってもいいだろう。

その前に、相互動詞について今一度確認しておきたい。相互動詞を分類すると、次の（ⅰ）、（ⅱ）にわけられる。

（ⅰ）必ず複数の主語にするか、または前置詞を用いて相手を補い、複数の主体による動作をあらわすもの(例:"我们(*我)合影吧。〔(一緒に)写真を撮りませんか。〕""我们(*我)聊了几小时。〔わたしたちは数時間話をした。〕")

（ⅱ）主体が一人でも、もう一方の主体の存在が文脈から読み取れるもの(例:"我结婚了。〔わたしは結婚しました。〕""我今天打架了。〔わたしは今日けんかした。〕")

（ⅰ）の場合は、"跟～一起ＶＯ"の構造を容易につくることができる。しかし、（ⅱ）の場合、この構造にはめると、（ⅰ）のような意味はすでに持たず、別の意味が生じる。たとえば、

120) a.* 我合影了。
　　　b. 我们一起合影了。（わたしたちは一緒に写真をとった。）
　　　c. 我跟他一起合影了。（わたしは彼と一緒に写真をとった。）
121) a. 我结婚了。（わたしは結婚します。）
　　　b.? 我们一起结婚吧。
　　　c. 我跟他一起结婚。（わたしは彼と同時期に結婚する。）

d. 我跟他结婚。（わたしは彼と結婚する。）

　このように120)の場合は、主体が一人では文は成立しない。そして、"一起"との共起を許し、bの主体が複数の場合もcの"跟〜一起ＶＯ"の場合もあらわす事象は同じである。
　しかし、121)の場合はaの主体が一人の場合も文が成立する。そして、bの主体が複数の場合は"一起"との共起は難しい。たとえ、"一起"が共起されたとしても、その場合は「わたしはわたしで、彼は彼でそれぞれ〜する。」と言う別の意味が生じる。そして、cの"跟〜一起ＶＯ"の場合も意味が違ってくる。
　これは陶红印1987の指摘の通り、"结婚"はその行為を成就するためのもう一人のシテを容易にイメージしやすい動詞であると言える。「わたしは彼と結婚する」と単に言う場合はｄのように言うのが通常である。
　相互動詞の中にこのような異なりがあるにせよ、いずれの場合であれ、これら相互動詞と"跟"の結びつきは非常に強く、他の前置詞と結びつくことは難しい。
　しかし、この相互動詞の中には、"跟"と結びつくことにより、相互的な動作から単方向的な動作への移行がみられるものがある。[42]
　たとえば、以下のような例である。

　　122)　要尽快跟他联系。（急いで彼に連絡しなければならない。）

ここでの動詞"联系"は通常、

　　123)　我们以后多联系吧。（わたしたちは今後連絡を取りあいましょう。）

からわかるように相互動詞として用いる。それが、"跟"によって、一方からもう一方への動作に変化しているのである。そのせいか、規範的ではないが"联系"は"给他联系"や"向他联系"など、他の前置詞との組み合わせ

---
[42] この様な現象は英語にもみられ、小西1977:657のtalk toの項にイギリスでtalk with（話し合う）とtalk to（話しかける）を使いわけてないが、アメリカでは使いわけていると言う記述がある。

もみられる[43]。

3.2 伝達動詞

　伝達動詞[44]は、発話の対象を必要とする場合、二重目的語をとる伝達動詞以外は、「前置詞＋発話の対象（ヒト）＋伝達動詞」と言うかたちで、前置詞を用いて話をする相手（以下、「発話の対象」とする）を引き出す。
　このとき、発話の対象を引き出すのに用いることが可能なのは、主に"跟"、"向"、"对"、"给"の4種類の前置詞である。
　伝達動詞に関する論文としては、荒川1977、雨堤1978等があるが、いずれも伝達動詞そのものの特徴や統語的な観点から「話法」について書かれたもので、伝達動詞と発話の対象を引き出す前置詞との関係についての言及は少ない。
　また、伝達動詞と言ってもその範囲を規定するのは難しい。ここでの伝達動詞は、純粋に言語活動をするものから、言語活動を通して発話の対象に何らかの意思伝達をおこなう動詞とする[45]。
　ここで、比較の対象とした前置詞"跟"、"向"、"对"、"给"は、いずれも発話の対象を引き出すことができる。たとえば、いずれの前置詞も代表的な伝達動詞である"说"と結びつくことができる。

　　例）　我跟他说……（わたしは彼に言う）
　　　　　我向他说……
　　　　　我对他说……

43　"联系"は本来、ヒトを目的語に取れない動詞であるので、前置詞を必要するのだが、すでに相互動詞と認識されていないことが原因なのか、"联系他"と目的語におく誤用の例もよくみられる。

44　英語では「伝達動詞」(reporting verb) あるいは「発話動詞」(verb of saying) と呼ばれているものを指す。または、コミュニケーション動詞とも言われている。意思や言語の伝達をする動詞のこと。

45　対象からはずれる伝達動詞は、前置詞を用いて発話の対象を引き出さないものである。具体的には、①二重目的語をとるもの（"问"、"告诉"、"教"etc）、②兼語式をとるもの（"劝"、"嘱咐"、"鼓励"etc）③語彙的特徴としては発話をしていても、意思の伝達には及ばないもの（"念"、"读"etc）。また、"跟～生气"、"跟～发火"の様に心理動詞の中にも前置詞を用いるものがあるが、言語活動がされているとは言えないので、対象からはずした。

◇ 第3章 ◇

　　我给他说……

　以下では、このように、いくつもの前置詞と結びつくことが可能な場合の違いにもふれたい。

3.2.1　伝達動詞がなぜ前置詞を必要とするのか

　まず、伝達動詞が前置詞を用いて発話の対象を引き出す場合、どのような時に前置詞を必要とするのかについて考える。
　中国語の伝達動詞の中には、"问"、"告诉"のように二重目的語をとることが可能なものがある。また、研究者によって見解が違うが、"劝"、"嘱咐"のように兼語式をとるものもある。[46]このような動詞は発話の対象を動詞の直後におくことができる。しかし、他の多くの伝達動詞の場合は発話の対象を目的語にとれず、前置詞を用いて引き出さなければならない。
　また、"问"は本来、二重目的語をとることが可能な伝達動詞だが、以下の例のように前置詞を用いることがある。

　　124）　我向你问一下。（あなたにちょっとお聞きしたい。）

　これは、"向"を使うことで、より丁寧さをあらわすためだと考えられる。また、"对"のところでも述べたが、

　　125）　妻又向他问长问短，……『家』（妻はまた彼にあれこれと尋ねるので）

　のように四字格があらわれる場合は、発話の対象を動詞の直後におくことができず、前置詞を用いて発話の対象を引き出さなければならない。
　このように、中国語の伝達動詞の多くは前置詞を必要とする。以下、伝

46　宋玉柱1980では、これらの動詞が構成する文を"准双宾语句"として、従来の兼語式と言う見方に異議を唱えている。

達動詞と結びつく前置詞―"対"、"跟"、"向"、"给"と伝達動詞の関係をみ、各前置詞との比較をし、それぞれの役割を明らかにしたい。

3.2.2 それぞれの前置詞の比較からみえるもの
3.2.2.1 "跟"と伝達動詞との結びつき

　伝達動詞との結びつきにおいて、その範囲が一番広いのは"跟"である。傅 1997:167 には、"跟"が"対"と同じ意味であらわれる場合の動詞は"说"类动词（伝達動詞）であると言う記述がある。これは"跟"と結びつく、単方向的な動詞のことであり、"対"と結びつく伝達動詞は、"跟"と結びつく伝達動詞全体の一部が重なるだけである。そして、"不说"類動詞も"跟"と結びつく。たとえば、

　　126) 这么重要的事，你怎么跟我隐瞒上了？『白』（こんな重要なことをどうしてわたしに隠したのか。）

　相互動詞について言えば、やはり"跟"との結びつきが強く、"対"とは結びつくことはない。また、"対"は、何らかのレスポンスを求めるような伝達動詞（"打听"、"请假"など）とも結びつかない。つまり、双方向的な動作には"対"はむかず、きわめて一方的な動作とのつながりを持つ。
　これらの結果から、"跟"を用いる文があらわす主体と対象の関係は以下の図のように表せる【図 3-1】。動作を相互的におこなう動作から、相手から何かのレスポンスを求めるために使う場合、そして、主体から対象に一方的におこなう動作に用いることがみえる。

【図 3-1】"跟"のイメージスキーマ

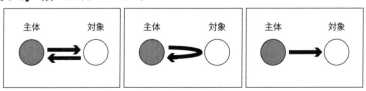

3.2.2.2 "向"と伝達動詞との結びつき

次に、前置詞"向"との比較からみえる"対"の特徴についてみてみたい。"向"も"対"と同様、主体と発話の対象が「同一空間での存在」にあるものから、さらに弱化し、「同一空間での存在」がなくても文は成立するものまである。

127）头也不回<u>向</u>他说：(佐藤 1978 より引用)（振り向きもせず彼に言った。）
128）我在电话里<u>向</u>他道歉。（わたしは電話で彼に謝った。）

127)は主体と発話の対象が同一空間に存在しているが、互いに顔が向かいあっておらず、"向"が発話の対象を引き出す機能としてのみに用いられている。そして、128)ではすでに同一空間に存在していない。

"向"は、インフォマントの語感では、フォーマルなイメージを持っており、また結合する動詞の範囲は、伝達動詞の語彙的特徴や主体と発話の対象の関係と大きくかかわっている。

"対"と"向"はいずれも、対面関係でなければならないと言うことはすでになく、発話の対象を引き出すだけの機能を獲得した点においては類似している。しかし、"向"を用いて発話の対象を引き出す伝達動詞の文には、以下にしめす2つの特徴があり、"対"とはその特徴が異なる。

【"向"がつくる構文の特徴】
① 主体【話者】(下) ⇒ 対象【発話の対象】(上) の関係を持つ
② 動作が広範囲へ広がる機能を持つ [－焦点化]

以下、この2つの特徴について検証していくことにする。
①は、発話者と発話の対象の関係のことであるが、そこにあらわれる伝達動詞の語彙的意味もこの関係をつくるのに"向"が一役かうことがある。
张国宪 1997 は、名詞の持つ支配力と動詞が持つ支配力との関係について、以下のような例で説明している。

a．厂长领导工人。（工場長は労働者を指導する。）
　　b．*工人领导厂长。

　　　　　　　　　（いずれも张国宪1997より引用）

　この例がしめしているのは、"领导"が上から下の方向を持つ動詞（"高向動詞"）であることと、"厂长"が支配力の高い名詞（"高控制度名詞"）、"工人"が支配力の低い名詞（"低控制度名詞"）と言うことである。これと同様の状況が"向"を用いる文にもみられる。

　129）　已经向经理反映了好几次。『汉』（すでにマネージャーに何度も報告している。）
　130）　你向上司汇报一下。（上司に報告してください。）

　上記2つの例はいずれも発話者が部下（"低控制度名詞"）で、発話の対象が上司（"高控制度名詞"）と言う関係と、"反映"、"汇报"がいずれも下から上の方向を持つ動詞（"低向動詞"）であることから、"向"が選ばれているのである。
　"向"はまた、伝達動詞の語彙的特徴にかかわらず、以下の例のように、主体と発話の対象との間に上下関係がある場合にも用いることができる。

　131）　觉新们也向她们母女打了招呼，觉民和剑云连忙站起来让座位给她们，……『家』（覚新たちも彼女たち親子に挨拶をした。覚民と剣雲は慌てて立って彼女達に席を譲り…）
　132）　最后他回到自己的房里，妻又向他问长问短，……『家』（最後に彼は自分の部屋に戻ると、妻はまた彼にあれこれと尋ねてきて…）
　133）　时雨蓬蜷曲在后座上，一直哼哼唧唧含糊不清地向康伟业道歉。『来』（時雨蓬は後部座席にうずくまって、ずっとうなって曖昧なことばで康偉業にあやまっていた。）
　134）　他向一个女士求爱，被拒绝了。『应』（彼はある女性に愛を告白したが拒否された。）

73

◇ 第3章 ◇

135)　我没想到他连这种事都<u>向</u>我<u>保密</u>。（わたしは彼がそのことでさえわたしに隠していたとは思いもよらなかった。）

　これらの例はいずれも、主体と発話の対象の間に、何らかの上下関係が存在している。
　131) の彼女たち親子（張太太と琴）は覚新たちにとって叔母といとこである。132) も封建社会の中の男尊女卑からみれば妻は夫より上位にたたないので、いずれも条件に合致する。133) は上司と部下の関係である。134) は男性が女性に対し、プロポーズや求愛をする場合だが、プロポーズする側（男性）が自らを低くして言っており、ここにも一時的な上下関係が発生している。135) も自分を上の立場にして、わたしに言ってくれないと言うニュアンスをだしている。
　また、"対"では用いることができなかったが、"请假""打听"のような何らかのレスポンスをもとめる伝達動詞は"向"とおきかえが可能である。
　続いて、②の発話の対象が一人ではなく、広範囲に及ぶ場合である。

136)　代表们把交涉的结果<u>向</u>同学<u>报告</u>了。『家』（代表らは交渉の結果を学生たちに報告した。）
137)　一个代表把他的话<u>向</u>同学们<u>高声传达</u>了。『家』（一人の代表が彼の話を学生たちに大きな声で伝えた。）
138)　他<u>向</u>好几个女士<u>求过婚</u>，可是都没成功。『应』（彼は何人もの女性に求婚したが、全てうまくいかなかった。）
139)　灾区人民正在<u>向</u>各方<u>求救</u>。『应』（被災地住民は現在各地に援助を求めている。）

　これらの文の特徴は、発話の対象が複数、または範囲が広いものである。136) は発話の対象が単数名詞だが、文脈からは多くの学生であることが読み取れ、138) は①と②の条件の複合型と考えられる。139) は広い範囲を対象としている。広い範囲を対象にできるのは、上でも述べた"向"の特徴である。インフォマントの語感でも、これらの例はみな"対"より"向"を使

うほうがよりふさわしいと言う。

　また、先にも述べたが"向"と結びつく動詞の文体的特徴としては、"跟"と結びつく動詞よりもフォーマルな、書面語的な動詞が目立つ。この現象は"対"にも同様に言えることなので、後で合わせて述べたい。

　"向"を用いた文があらわす主体と対象の関係は以下の図のようにあらわせる【図 3-2】。

　目上に対する動作と複数に対する動作に同じ前置詞"向"を用いることは、太田辰夫 1958:109 でも述べている、"您"が"你们"の縮約からきたこととつながる部分があるのではないか。

【図 3-2】"向"のイメージスキーマ

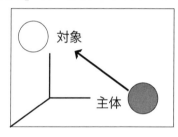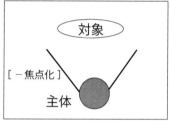

3.2.2.3　"给"と伝達動詞との結びつき

　"给"と伝達動詞が結びつくのは、次の２つの条件である。

(1)　対象に何らかの情報や知識の授与をする場合
(2)　感情の授与がおこなわれる場合

である。まず、(1) について議論したい。

　たとえば、代表的な伝達動詞"说"も"给"と結びつくことが可能であり、"跟"と同様に、

　　140)　我给你说……（あなたに言うけど…）

◇ 第3章 ◇

と言うことができる。この場合、"跟"のように単なる話をするためではなく、発話の対象のことを思って、何らかの情報や知識を発話の対象に与えるために用いている。

つまり、主体のほうが発話の対象より知識や情報を多く持っている、または主体自身が自分の方が多いと思っていると言うことが前提条件にあり、ここで、前置詞"给"を選び、発話していると考えられる。

以下の例も、発話を通して、対象に何らかの知識や情報を授与している。

141) 我给你们说一个荤段子好不好？『来』（おまえたちに一つ俗な話でもしようか。）
142) 我给你们提提意见吧。（あなたがたにちょっと意見を言いましょう。）
143) 我们给大家解释一下。（わたしたちがみなさんに説明いたします。）
144) 母亲给孩子讲了一个故事。（母親は子供に物語を話して聞かせた。）
145) 你给他们介绍一下公司的情况。（彼らに会社の状況について紹介してください。）

これらの例はいずれも、情報や知識を伝えると言う動作に前置詞"给"を用いて、発話の対象を引き出している。ここにあげた動詞の中でも"介绍"、"解释"、"讲/故事"と"给"の結びつく例は、初級レベルの中国語教材の中でもよくみられる。このように"给"と伝達動詞を共起した場合にでてくるイメージは、「言って聞かせる」、「（発話の対象の理解を深めるために）話す」と言うものである。

また、"介绍"、"解释"は"向"と結びつく例ももちろんみられるが、その場合は、3.2.2.2で述べたような条件の中で用いられている。

次に、(2)の感情の授与について議論したい。感情の授与と言うのは、何らかの感情（謝罪、祝福など）を対象に伝えることであり、次のような動詞と結びつく。

146) 后来康伟业就不得不给林珠道歉：『来』（その後、康偉業は林珠に

謝らざるを得なくなって）
147） 你给他赔个不是吧。（あなたは彼に謝ってください。）
148） 我想给你道喜。（あなたにおめでとうと言いたくて。）

　授与のニュアンスを与えたいときは、"给"がふさわしいが、そのニュアンスを持たない場合—つまり、一方的な、事象だけを伝えるだけならば、"対"におきかえることはできなくはない。また、これらの例も上記同様、ニュアンスが違ってくるが"向"へのおきかえは可能である。
　やはり、"介绍"など、上で述べた伝達動詞や感情の授与をあらわす伝達動詞は"対"と結びつくのは難しい。
　"给"を用いた文があらわす主体と対象の関係は、以下の図のようにあらわせる【図3-3】。一方的な伝達行為ではあるが、そこには「教え伝える」と言うニュアンスが色濃くでている。

【図3-3】"给"のイメージスキーマ

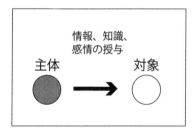

3.2.2.4　"対"と伝達動詞との結びつき[47]

　先にも述べたように"対"は動詞"対（着）"の「同一空間における対面関係」から動詞性が弱化し、発話の対象を引き出す文に用いられるようになった。[48]
　したがって、文によっては動詞性を残しているととらえられるものもある。

47　"対"については、本書2.1、中西2002、2003も参照。

48　卢福波2000:171にも、"対"は対面する対象に重点をおくと言う記述がある。これ自体は間違っていないが、本文中に述べる通り、対面の関係がなくても構わない。

◇第3章◇

伝達動詞をともなって発話の対象を引き出している文について、まず"対"の動詞性の弱化の程度をみよう。たとえば、

 149) 于观瞪了他一眼,<u>对</u>话筒<u>说</u>：……『玩』（于観は彼をじろりとみて、受話器に向かって言った…）
 150) 好些人这样地<u>对</u>蓝空的群星<u>讲</u>过话。『星』（何人もの人がこのように星空に向かって話をした。）

モノが対象の場合、伝達動詞をともなう文であっても"対"はまだ動詞性を残しており、「（モノ）に向かって言う」と言う「同一空間における対面関係」が存在する。したがって、他の前置詞とのおきかえはできない。しかし、

 151) 优优在电话里<u>对</u>我<u>说</u> ：……『平』（優優が電話でわたしに言った…）

では、すでに「同一空間における対面関係」はなく、発話の対象を引き出す役割だけになっている。この場合はこれまで述べてきた条件をもって、"跟"や"向"など、他の前置詞とのおきかえが可能になる。

また、"対"はコト的なものを対象に出せる。これは他の前置詞にはない機能でもあるし、他の前置詞とのおきかえもできない。

たとえば、

 152) 我<u>对（于）</u>这个问题<u>谈</u>了自己的看法。（わたしはこの問題について意見を述べた。）

この場合は、"对（于）这个问题"を文頭に持っていくこともできる。コト的なものが前置詞の目的語になると言う機能・用法は、"跟"や"向"、"给"にはない。したがって、他の前置詞とは異なる機能を"対"が持っていると言うことになる。

"対"と伝達動詞について再び述べたい。"跟"と結びつくことが可能な伝達動詞の中でも、"対"は単方向的な語彙的意味を持つ動詞とだけ結びつく。

また、その中でも、

"解釈"、"说明"、"汇报"、"反映"、"发表"、"要求"、"提出（+NP）"、"起诉"、"起誓"、"发誓"、"宣布"、"宣传"……

のような、フォーマルな文体を持つ二音節の伝達動詞は"跟"との結合を嫌い、"対"や"向"、また場合によっては"給"と結びつく傾向がある。たとえば、

 153) 我对公司提出意见。（わたしは会社に意見を述べた。）
 154) 我们对广大农民宣传计划生育的好处。（徐枢 1984 より引用）（わたしたちは多くの農民に計画出産の長所を宣伝する。）
 155) 开批判会时，老舍先生对我一言未发。『忆』（批判会の時に、老舎先生はわたしに一言もことばを発さなかった。）

153)、154)ともに"向"におきかえられるが、ここで"対"を用いるのは、いずれも話者が、発話の対象に対し、一対一の向かいあう関係を意識しているためである。
 155)については"対"がふさわしい。この例文があらわす意味は、「他は批判されたが、自分に対しては」と言う、他を排除する機能、すなわち"向"と反対の［＋焦点化］の機能がはたらいていると考えられる。また、この例文の"向"が不適当な理由として、主体である"老舎"は"我"より立場が上であり、立場が上の者から立場が下の者への動きであって、この場合、"向"とは相性が悪いことも要因と言える。
 また、"対"は極めて単方向的な伝達動詞との相性が良い。逆に言えば、対象から何らかの見返りやレスポンスが必要な動詞は"対"と相性が悪い。たとえば、「彼に休みをもらう」の場合、休みは許可なくしてとれない。したがって、

 156) ＊对他请假
は不自然な文で、この場合は"向"または"跟"が適当と言うことになる。

以上をふまえると、"対"を用いた文があらわす主体と対象の関係は、以下の図のようにあらわせる【図3-4】。主体と対象の一対一の関係を強めたり、他を排除して、この対象に対してはと言う［＋焦点化］するニュアンスを持つのである。

【図3-4】"対"のイメージスキーマ

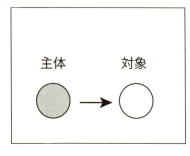
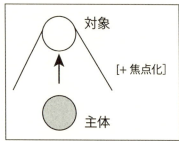

3.2.3　伝達動詞と前置詞についてのまとめ

(1) 後続の動詞の語彙的特徴から
　まず、双方向的におこなわれる相互動詞は、基本的に"跟"とのみ共起が可能である。相互動詞は、"跟"と結びついた時点で、本来の双方向動作に加えて、単方向の動作も獲得した。
　また、その他の伝達動詞は、語彙的特徴や主体と発話の対象の関係により、口語的な場合に用いる"跟"から"対"や"向"と結びつくようになる。そして、特に書面語的な、フォーマルな単方向伝達動詞になると"跟"を好まず、"対"や"向"とのみ共起が可能となる。

(2) 主体と対象の発話の際に発生する関係から考える
　主体と発話の対象の関係が対等である場合や、特に発話の対象との関係を考慮しない場合は、"跟"と結びつく。
　また、単方向的な動詞の場合は、動詞の語彙的特徴、主体と発話の対象との関係、発話の対象に焦点をおくかどうか等の点に注意しなければならない。

"対"を用いた場合の主体と対象の関係は、「同一空間における対面関係」がうすれ、発話の対象を引き出す役割に転化している。また、"対"と結びつくことが可能な伝達動詞は極めて単方向的動詞だけである。双方向的な動詞や対象から見返りを求めるような伝達動詞は"対"と結びつかない。とりわけ、対象をより狭くして、他でもなくと言うニュアンスを持つ場合は、"対"を選ぶ傾向がある。
　"向"も動作の向かう空間的方向を引き出す機能から発話の対象を引き出す機能へと機能が広がっている。そして、フォーマルな動詞や見返りを求める動詞の場合は"向"を選ぶ。また、対象がより大勢、広い範囲をさす場合も"向"を選ぶ。ここで、この２つを整理すると、

"対"：対面的な関係、単方向、＋焦点化
"向"：動作の向かう方向、単方向（見返りを求める動作も含む）、＋上下関
　　　係、－焦点化

のようなことが使用の条件となる[49]。では、次の例をみていただきたい。

　　157)　我向/対她求婚。(わたしは彼女にプロポーズする。)

　この例では、前置詞は"向"または"対"を用いることができる。この場合、"求婚"が「プロポーズ」と言う、極めて単方向的な行為をあらわしていることから、"跟"とは結びつきにくい。そして、"対"の場合は単方向の動作であることと、他でもなく彼女であると言う［＋焦点化］がはたらいている。
　この場合、インフォマントは"向"の方が適当だと言うが、それは、"求婚"が文体的にフォーマルなもので、そして上下関係をつくっていることと関係してくる。また、

　　158)　ａ．你対他说一下。(彼に言っておいてください。)

---
49 必ずすべての条件がなければならないわけではなく、いずれかの条件が必要になる。

　　　　　b．你<u>跟</u>他说一下。（同）

　について言えば、「彼に話す」と言う意味において相違はないが、前置詞に着目して考えてみれば、"对"には「他の誰でもなく彼に」と言う、単方向的動作と［＋焦点化］と言う条件が機能している。また、"对"が発話の対象へのはたらきかけ（単方向的動作）のみをあらわしているのに対して、"跟"の場合は、発話の対象とのやりとり（双方向的な動作）をする余地を与えているとも考えられる。[50]

　また、"给"を用いる場合は、感情の授与と言うニュアンスがはたらく。対象のことを思い、または対象にはその情報、知識がないと言う前提で、対象を引き出す場合に"给"を用いる。

　このような、伝達動詞を選ぶと同時に、主体と対象の立場、空間的関係、対象の範囲などから前置詞が選ばれていると言えよう。

(3) いずれの前置詞とも結びつく伝達動詞について

　以上の４つのどの前置詞とも結びつくことが可能な伝達動詞がある。その場合、動詞の文体が伝達動詞を選んでいるとは言いがたく、前置詞の意味特徴がかかわっていると言えよう。では、どのような前置詞の意味特徴があらわれるのか、"解释"を例にみてみよう。

　　159)　　a．你<u>跟</u>他<u>解释</u>一下。（あなたが彼に説明してください。）
　　　　　　b．你<u>向</u>他<u>解释</u>一下。（同）
　　　　　　c．你<u>对</u>他<u>解释</u>一下。（同）
　　　　　　d．你<u>给</u>他<u>解释</u>一下。（同）

　この場合、"跟"では、発話者と発話の対象との上下関係をはっきりとさせない、ニュートラルな関係であることがわかる。"向"は、発話者と発話の対象との関係は実際の上下関係か発話の対象をたてる関係であり、"对"

---

[50] 丁声树 1961:107、11.6 にも、「"我对你说说"はわたしだけが話しており、"我跟你说说"では主に"我"が話すが、"你"が続いて話をしてもいい（筆者訳）」と言う指摘がある。

は［＋焦点化］または、発話の対象を引き出すための単方向的なもので、"给"は知識・情報の授与の対象をあらわし、恩恵を受ける者としての"他"を浮き立たせている。

　また、インフォマントの語感では、a～c は疑問を持つ人に説明をする場合に用いるが、d は理解に欠けて、わからない人、またはその情報を持たない人に説明をする場合に用いると言うことで、前提が異なるようだ。

　【表 3-1】は、伝達動詞を語彙的な特徴によって分類し、それらが結びつくことができる前置詞との関係をしめしたものである。

【表 3-1】伝達動詞と発話の対象を引き出す前置詞

動詞	"跟"	"向"	"対"	"给"
相互動詞 谈、约、吵架〔吵嘴、争吵〕、聊天儿〔闲谈、闲聊、攀谈〕、商量〔商谈、商讨、商榷〕、交谈、讨论、联系、通话、……	○	×	×	×
見返りを求める単方向動詞 打听、请教、请假……	○	○	×	×
単方向的な動詞※₂ 说、讲、提（出）、撒谎、告辞、告別、说明、解释、打招呼、开玩笑、打岔、赔不是、道歉、介绍、……	○	○	○	○ ※₁情報・感情の授与の場合
"不说"類動詞 隐瞒、隐讳、保密	○	○	○	×
汇报、反映 ※₃	△	◎	○	×

※1 "给"は、「～のために、～のかわりに」の意味の場合は含んでいない。
※2 単方向的な動詞の中でも"介绍"だけは異質で"向"や"给"との結びつきが強い。
※3 この類の伝達動詞は語彙的特徴により、通常は"向"と結びつくが、口語において"跟"を用いることがないわけではない。よって△とした。

◇第3章◇

3.3 視覚動詞

　視覚動詞をともなう文の場合、本来なら視覚動詞はその後に直接目的語にとることができる。しかし、前置詞を用いて対象を引き出し、前置することがある。視覚動詞と結びつくことができる前置詞は、主に"対"、"向"、"朝"、"往"である。ここでも、それぞれの前置詞と視覚動詞の周辺的条件や同じ視覚動詞が異なる前置詞と結びつくことが可能な場合の前置詞間の差をみていきたい。

3.3.1　なぜ視覚動詞が前置詞を必要とするのか

　ヒトやモノをみたことを表現する場合、本来ならば前置詞を必要とせず、動詞の後に目的語をおくことができる。

　　160)　　我看了他一眼。（わたしは彼をちらっとみた。）

　しかし、以下のように、前置詞をともなう場合がある。

　　161)　　我対他看了一眼。（わたしは彼をちらっとみた。）

　視覚動詞は、伝達動詞の場合とは異なり、動詞が直接目的語をとった場合と前置詞を用いた場合に大きな意味的差異は生じない。ここでの"対"は、動詞性を残して、対象への方向（照準）をあらわし、動作の対象をとりたてるはたらきを持っている。ここでも、多くの前置詞と結びつく場合は、選ばれた前置詞それぞれの持つ意味が重要となる。

3.3.2 視覚動詞と前置詞の選択がとりまくもの
3.3.2.1 前置詞と目的語との結びつき

　以下では、視覚動詞と結びつく前置詞との比較を通じて、おのおのの前置詞のはたらきをみてみたい。
　まず、視覚動詞と結びつき可能な前置詞は主に"対"、"向"、"朝"、"往"である。これらの前置詞がとれる目的語のタイプをすべてあげてみると以下のようになる。

(1) 単音節方位詞（东、南、西、北、左、右、上、下、前、后、里 etc）
(2) 場所・方向をあらわす代名詞（那、这边／里／头、四处 etc）
(3) 場所をあらわす名詞＋"里／外／边等"（～里、～外、～的方向 etc）
(4) 場所名詞やモノ名詞（固有名詞、機関、建築物、自然物など含む）
(5) ヒト（固有名詞、役職名詞、代名詞など含む）

　"対"、"向"、"朝"、"往"についてそれぞれみる。
　まず、"対"は (1)(2)(3) を目的語にはとらない。(4) と結びつく場合も制約がある。"対"が視覚動詞と結びつくとき、目的語になるのは、具体的なその場に存在する、より具体的なヒトやモノである。範囲をより広く指定する方位詞や曖昧な方向などはとらない。これは"対"が持つ［＋焦点化］のはたらきがそうするものである。"対"は他の前置詞と比べて、虚化がすすんでいると考えることもできるのではないか。[51]
　対象が方向や場所で、述詞に移動をあらわす動詞、補語がくる場合は、"向"、"往"、"朝"が選ばれる。"向"、"往"、"朝"は、動作の方向（移動先）や動作の対象をあらわす前置詞で、この三者はよくあわせて比較の対象になるので、ここで簡単に説明しておく。[52]

---

[51] "対"の結びつく対象が方向、場所、ヒト、事柄と対象を広げ、動詞の幅を広げていることは虚化がすすんでいると言える。また、この点から言えば、"向"も方向、場所、ヒトまで広げている点で、"対"ほどではないが"朝"や"往"よりは虚化がすすんでいると言える。
[52] "向"、"往"、"朝"については、傅ら1997でも3つをまとめて説明している。また、佐藤富士雄1974,1978でもこの3つについて、よりくわしい分析がされている。

◇第3章◇

　"向"は、動詞"向（着）"の「～に向いて（いる）」「～に向かう」と言う意味から動詞性が弱化し、動作の方向（移動先）や動作の対象を引き出す前置詞としても用いられる。"向"がとる目的語の範囲は、方位、場所、モノ、ヒトと、これら3つの中で最も広い。

　また、ヒトを目的語にとる場合、"朝"や"往"のように、物体としてとらえているものもあるが、"対"と同じように、意思を持つ対象としてとらえられている例もある。

　162）　车外的人也向他们挥手，『平』（車の外の人も彼らに手を振っていた）

　163）　我为什么要向他们抱歉？『平』（わたしはどうして彼らに謝らないといけないのか。）

　164）　几个运动员向墙边走来，……『平』（何人かの選手が壁の方に歩いてきて…）

　162）は、主体、対象ともに同一空間に存在している。163）のような、伝達動詞や感情をあらわす場合はより弱化して、対面していなくても使うことができる。

　また、164）のような動作の方向（移動先）の動詞とも結びつくことができる。"対"も動作の方向をあらわすと言われることがあるが、それは主体と対象の対面関係をあらわしているだけで、移動をあらわす動詞とは結合しない。したがって、この場合"対"へのおきかえはできない。

　また、動作の方向を目的語にとれると同時に、対象の範囲を限りなく広くとれるのも"向"の機能と言えよう。165）は、最大限の360°に及んでいる。"対"にはこの用法はなく、おきかえはできない。

　165）　雪片愈落愈多，白茫茫地布满在天空中，向四处落下，……『家』（雪は次第に降り積もり、空一面を真っ白に覆い、あちこちに降り、…）

　"往"、"朝"はいずれも、ある方向に向くと言う動詞が弱化したものであ

る。"向"との違いについて、たとえば『中国語辞典』（白水社）:155 には、「"朝"の使用範囲は"向"よりも狭いので、"朝"をすべて"向"に変えることはできるが、その逆はできない。」とある。

また、同:1587 にも「前置詞"向"の使用範囲は"朝"よりも広く、"朝"を用いるところはすべて"向"に改めることができる。」、「"往"は専ら動作・行為の行われる方向を示すが、"向"は動作・行為の行なわれる相手をも示す。」とある。

具体的にみると、"朝"、"往"はいずれも、場所や方位をあらわす名詞を目的語にとることができ、"向"の持つ、広い範囲をあらわす場所名詞（"四処, 四周"など）も目的語にとることができる。

しかし、両者はヒトを目的語にとることに関しては、"向"と違いがでてくる。"朝"はヒトを目的語にとれるが、"向"よりは結びつく動詞が制限され、"往"になると、ヒトを目的語にとることができない。[53]

また、"往"だけの機能としては、方位詞"下"や"后"が目的語になったとき、方向をあらわすだけでなく、語彙化して、

166)　往下说『现』（続けて話してください。）
167)　往后再不敢去了『现』（今後行こうとは思わない。）

のように、場所から時間へと転じ、継続や未来をあらわす表現に使う。[54]

"朝"が 168)〜170) のようにヒトを目的語にとる場合、実際は物体としてのヒトで、結びつくことができるのは動きの静かな、体の一部でおこなう動作であり、このときの"朝"は、対象の方向に向いていると言う、方向のみをあらわしている。

そして、これとは異なるもう一つの動作の方向（移動先）をあらわすときは、"向"と同様である。"朝"と"対"の関係で言えば、"対"は移動をあら

---

[53]　刘月华等 2001:301 にも、「"朝"、"笑"は動作の対象を引き出すことはできるが、"朝我点点头"、"朝我笑笑"、"向我们招手"、"向您致敬"、"向我们青年人招唤"などはすべて"往"を用いることはできない。（筆者訳）」とある。相手がヒトで何らかの意思の伝達がからんでくると、"往"との相性が悪いのではないだろうか。

[54]　吕叔湘 1979、41.方位词にも前置词+方位词を全体として単語とみなしてもいいとある。

わす動詞と結びつかず、L1 から L3 の対面関係をあらわしている部分が共通している。ただ、"朝"は伝達動詞とは結びつくことができない。[55]

また、以下の"朝"と"朝着"は意味的には大きな差はない。このことはすでに多くの文法書・辞書に記載されているが、音節上の問題で"朝着"の後には、単音節方位詞を用いることができない。

168) 段莉娜忽地朝康伟业难为情地笑了一下，……『来』（段莉娜は突然康偉業の方に向いて、困ったようにほほえんで、…）

169) 他朝同学点一个头，……『寒』（彼はクラスメートに向かってうなずいた…）

170) 时雨蓬朝人群做了一个鬼脸，……『来』（時雨蓬は人々に向かって、おどけた顔をしてみせて、…）

171) 她朝着小屋说了一声：……『寒』（彼女は部屋の方に向いて一声かけた、…）

172) 他掉转身朝着回家的方向走去。『寒』（彼は家の方に身を翻して歩いていった。）

173) 不知道应该把脚朝前放或者向后移好。『寒』（足を前に出すか、後にやったほうがいいかわからない。）

174) 便把头朝面前那张漂亮的写字台埋下去。『寒』（そして、頭を前にあるきれいな机に埋めた。）

175) "搬地方……我们朝哪里搬？我们哪里还有钱搬家？"『寒』（引っ越し、どこに引っ越すのですか。どこに引っ越しのお金があると言うのですか。）

168) 〜 171) の例は、「同一空間における対面関係」をあらわし、動詞性を残している。また、前置詞の目的語は体の一部でする動作の対象である。この場合、"対"とのおきかえは可能だが、"往"とのおきかえはできない。

---

[55] "向"と比較される"朝"は、一般に伝達動詞をともなえない。（卢福波 2000:165）しかし、171) のような対象の方向をあらわし、意思の伝達の対象にまでにならない文にはともなえるようだ。

172)〜175)の例は移動先をあらわしたもので、これらはすべて"往"とおきかえられるが、"対"とのおきかえはできない。

　話を視覚動詞と前置詞の結びつきに戻そう。ヒトを目的語にとることができる前置詞は、"対"、"向"、"朝"である。ただ、上でみたように、"朝"と伝達動詞の結びつきは現代中国語においては認められないので、何らかの意思の伝達まではできない。

　そして、"往"はヒトを目的語にとらず、上で述べた物体の移動を言うことが主で、"対"と共通する部分がない。

　また、"向"、"往"、"朝"＋方位詞について言えば、単音節方位詞は単独で用いることができないので、結びつきが強く、これらの前置詞と結合してよく使われる。[56]

　以下はすべて、目的語が場所をあらわす方位詞、名詞、場所をあらわす代名詞で"対"にはおきかえができない例である。

　　176)　他朝东看看，又朝西看看。『寒』（彼は、東をみて、また西をみた。）
　　177)　他的眼光茫然地朝四处看。『寒』（彼の目は、茫然とあたりを見回した。）
　　178)　目光往角落里瞧，……『平』（目を角にやった…）

3.3.2.2　動詞の語彙的特徴からみる

　次に、方位や場所を目的語にとる場合、動詞の語彙的特徴によって選ばれている前置詞について考えてみよう。

(1) 対象が場所や方位の場合
　先にも述べたが、方位や場所を目的語にとる前置詞は、"向"、"往"、"朝"である。これらの前置詞は、近距離から遠距離まで、また遠くへ広げる視線の動き、さらにはより広い角度を対象にとれると言う特徴を持っている。し

56　"対"と組み合わさる単音節方位詞は、"外"だが、"対外"自体はすでに一つの語になっている。

◇ 第3章 ◇

たがって、

"眺望"、"望"、"看望"、"张望"、"探望"……

などの視覚動詞とよく結びつく。たとえば、

179) 他朝街的两头一望。『寒』（彼は通りの両側を望んだ。）
180) 忍不住起身也向窗外张望。『平』（我慢できず身を起こして、窓の外をながめた。）
181) 站在山顶向南眺望。『白』（山頂に立ち、南のほうを見渡した。）
182) 他站在窗边，不时地向窗外探望。『白』（彼は窓辺に立ち、何度となく外をうかがった。）

これらの例はそれぞれ、"向"、"往"、"朝"では相互におきかえが可能だが、"対"とのおきかえはできない。これは"対"のもともとの特徴として、対象である物体との対面関係をあらわすのみで、方向や広がりを持つことができないからである。また、"対"は「対面関係」が前提と言うからには、対象（方向）が曖昧であると文が成立しない。

"対"の目的語が場所で、視覚動詞と結びつくのは、以下のように対面をあらわすことに重きをおいており、動詞は非常に静かな動きのものである。たとえば、以下のように、

183) 更多的人是噎住了，都抬着脑袋对天空直瞪眼，身体一动不动。『活』（多くの人がのどを詰まらせ、皆空に向かってまっすぐ目をむき、体は少しも動かない。）
184) 他对墙上的画久久凝视。『白』（彼は壁に掛かっている絵に向かってしばらく凝視していた。）

"凝视"のような、視野の広がりにくい視覚動詞は語彙的特徴により、"対"

と結びつきやすく、ここでは［＋焦点化］がよりはっきりと感じられる。[57]

　また、対象への視線の移動が認められる場合は、"向"、"往"、"朝"とのみ結びつく。

185)　却偸偸地側过头<u>朝</u>咖啡厅<u>看去</u>。『寒』（しかし、頭を傾けて喫茶店の方をのぞいた。）

186)　声嘶力竭的尖叫声，让远远近近所有人，都惊诧地<u>朝</u>这边<u>看过来</u>。『平』（そのあらんばかりの叫び声に、あちこちの人々がみんな驚いてこちらに目をやった。）

　上の2つの例は、視線の方向（移動）をあらわす場合で、対象との対面関係を要求する"対"とは結びつかない。

(2) 対象がヒトの場合

　次に、対象がヒトの場合をみてみたい。ヒトの場合は、ヒトを物体としてとらえている場合と、ヒトと言う意思をもった対象としてとらえている場合がある。もちろん、後者の場合は、視覚動作＝アイコンタクトでもって、何らかの意思を伝える対象を引き出す役割をもっていると言えよう。まさに「目は口ほどに物を言う」わけである。この場合の前置詞と視覚動詞のはたらきは、前置詞と伝達動詞の関係と同様の現象がみられる。

　ところで、視覚動作の対象（ヒト）を引き出す用法をもっているのは、主に"対"と"向"、"朝"である。しかし、"対"は"向"、"朝"と異なり、上の例と同様、視線の移動をあらわす場合は結びつかない。

187)　<u>朝</u>对面的男孩<u>看过去</u>。『平』（向かいの若い男に目をやった。）

　しかし、次のような、視線の移動をあらわさない場合は、"向"、"往"、"朝"のいずれにもおきかえられる。また、ここでも、それぞれの前置詞の特徴を

---

[57] 『中国語辞典（白水社）』の"凝视"の部分には、結びつく前置詞として"対"のみをあげている。実際は"向"とも結びつくことが可能であるが、頻度からすれば、"対"の方が高いと思われる。

みることができる。

> 188) 周月间声叫了一声刘处长，眼睛并不<u>朝</u>他们<u>看</u>。『平』（周月は間を割って劉所長を呼んだが、目は彼らの方をみようともしなかった。）
> 189) 他<u>对</u>我<u>瞧</u>了一眼。『ク』（彼はわたしをちらっとみた。）
> 190) 话刚说完，老全突然<u>向</u>我们<u>睁</u>圆了眼睛，他的两条腿僵住似的站在那里，随后身体往下一掉跪在了那里。『活』（話し終わった途端、老全は突然我々に向かって、目を丸くした。彼の両足は硬直し、そこに突っ立って、体がガクッと下がってその場にひざまずいた。）
> 191) 我<u>向</u>她<u>注目</u>，并示以微笑。『平』（わたしは彼女に視線を送り、笑顔で合図した。）

　"朝"が伝達動詞と結びつく場合、そこにある関係は、主体が対象の方向に向いていることをだけをしめしている。あとでみるように、意思伝達が視覚動詞に含まれると、"朝"とのおきかえが難しくなる。

　"对"も同じく、主体と対象が「同一空間における対面関係」であることをあらわしているが、インフォマントの語感では、他でもなくわたしをみたと言う、［＋焦点化］のはたらきも持っていると言う。

　そして、"向"も同空間での行為で、まだ動詞性を残している。190)は老全が背中を銃で撃たれた結果、目を丸くしたと言う場面で、そこには対象に対する伝達の意思は存在せず、動作の方向をあらわしているだけである。

　しかし、191)は、主体"我"と対象"她"の関係は、今まで会ったことがない待ち合わせの相手で、主体が対象に気付き、視線を送ると言う場面である。視線を相手である"她"に送ると言う動作に意思を持ったと言える。これは、伝達動詞のところでみた、相手を立てるはたらきがあらわれているのだろう。

　ところで、慣用表現としての視覚動詞と前置詞の組み合わせは、上でみた前置詞とは異なる結びつきを持つ。たとえば、"使／递眼色（目配せをする）"は、

192) a. 她对我使眼色。(彼女はわたしに目配せした。)
　　 b. 她向我使眼色。
　　 c. 她朝我使眼色。
　　 d. 她跟我使眼色。
　　 e. 她给我使眼色。

のように、"对"、"向"、"朝"、"跟"、"给"の5つの前置詞と結びつくことが可能だ。「目配せをする」と言う行為自体は、ヒトを目的語にとって、主体が対象へ何らかの意思伝達をおこなう。

このときのヒトは、すでに方向の先や単なる物体としてのヒトではなく、意思伝達の対象としてとらえている。これは"给"との結びつきを許していることからもわかる。

また、慣用表現"使眼色"と前置詞との結びつきと言う点でみると、前置詞"往"との結びつきは許されなくなる。これは裏返せば"往"に方向を引き出す機能はあっても、意思伝達の対象を引き出すと言う機能は持っていないからだと言えよう。

先の伝達動詞でみたように、"对"を用いる場合は［＋焦点化］のはたらきを持ち、"向"は対象が広い範囲か、または相手を立てるはたらきを持ち、"给"は何らかの意思、情報を伝える意味を出すために用いられていると考えられる。何らかの伝達意思のある視覚行為でも同様のはたらきはみられないだろうか。具体的な用例をみてみよう。

193) 其中两位妇人数次窥伺手表，还不断地对丈夫使眼色。『座』(その中の2人の婦人は何度も腕時計をみ、さらに絶えず自分の夫に目配せをしていた。)

194) 我刚要说话，一位朋友给我使眼色，我知道他是不让我开口。『惯』(わたしが話をしようとすると、ある友達がわたしに目配せをした。わたしは彼がわたしに言わせないようにしているのがわかった。)

195) 林华向姑娘们递了个调皮的眼色。(佐藤1978から引用)(林華は娘達にいたずらっぽく目配せをした。)

これらは、それぞれの前置詞がうまくニュアンスをいかすために用いられた例と言えよう。

　193)は、2人の婦人がそれぞれ自分の夫だけに視線を送っていたと言う［＋焦点化］のはたらきがある。194) は、「言わないほうがいい、言うな」と言う情報を送るはたらきがある。195) は相手が複数または、相手を立てるはたらきを持っていると考えられる。このように、何らかの意思伝達が絡む視覚行為の対象を引き出す場合の前置詞にも伝達動詞の対象を引き出す前置詞と同じはたらきがみられる。

3.3.3　視覚動詞と前置詞についてのまとめ

　3.3.2.1 で述べた視覚動詞に結びつく前置詞がとる目的語の関係を下の表にした。

【表3-2】視覚動詞と結びつく前置詞 "対"、"向"、"朝"、"往" がとる名詞フレーズの可否

	"対"	"向"	"朝"	"往"
(1) 単音節方位詞（东、南、西、北、左、右、上、下、前、后、里 etc）	×	○	○	○
(2) 場所・方向をあらわす代名詞（那、这边／里／头、四处 etc）	×	○	○	○
(3) 場所をあらわす名詞＋里／外／边等（〜里、〜外、〜的方向 etc）	×	○	○	○
(4) 場所名詞やモノ名詞（固有名詞、機関、建築物、自然物など含む）	△	○	○	○
(5) ヒト（固有名詞、役職名詞、代名詞など含む）	○	○	○	●

※○は可、×は否、△はより焦点が定まりやすいものに限られる。●は組み合わせ可能だが意思伝達の対象としてではなく、単なる方向としてあらわす場合に可能。

　視覚動詞と前置詞についても、主体と対象の関係、前置詞の目的語の種類、視覚動詞の語彙的特徴により、選ばれる前置詞が異なることをみた。視覚動詞と前置詞の関係は、伝達動詞ほどの広がりはない。

その理由としては、前置詞がまだ動詞的な側面を残していることとかかわっているからであろう。後続の動詞に意思を伝えるような視覚動作の場合に、伝達動詞と同様の前置詞選択の傾向がみられる。

　以下に、視覚動詞と前置詞の関係をまとめる。

(1) "対"は"向"、"往"、"朝"がとるような場所や方位を目的語にとらない。"対"は主体と具体的な対象が対面関係であることが前提として必要である。"対"は、対象の範囲が広ければ広がるほど結びつきにくくなる。また、範囲を広くとる語彙的特徴を持つ動詞とも、結びつきにくい。つまり、"対"は伝達動詞と同様、[＋焦点化]の機能を持つ。
(2) 視線の移動をともなう動詞フレーズになると、"対"と結びつきにくい。"向"、"往"、"朝"に譲る。
(3) 視覚動詞が慣用句として、何らかの意思を伝える視覚動作になった場合は、結びつき可能な前置詞は"対"、"向"、"朝"が選ばれ、"往"は結びつかなくなる。また、結びつき可能な前置詞として、"給"が追加される。これは伝達動詞との結びつきとつながる。

3.4　ノンバーバル動詞

　本節ではノンバーバル動詞についてみたい。ノンバーバル動詞は、もちろん、音声のある口頭での言語活動はないが、身振り手振りで何らかの意思を対象に伝達しているものととらえていいだろう。

　また、上でみた視覚動詞からひきつぐものもあるので、重複する部分もあるが、そこからの変化もみていく。これらノンバーバル動詞も、伝達動詞と同じように、伝達の対象を前置詞でもって引き出す。

　ここでは、例文をみながら今までみてきた、前置詞の特徴や主体と対象の関係や動詞の語彙的特徴と言う点から確かめたい。

3.4.1　なぜノンバーバル動詞が前置詞を必要とするのか

　ノンバーバル動詞には、動詞、動目構造（"述宾结构"）のものがある。たとえば、例文にもあるが動詞"笑"の場合は、目的語の位置にくるのはあざ笑う内容である。微笑を向ける対象を引き出すためには前置詞でもって引き出さなければならない。
　また、動目構造（"述宾结构"）の場合は、動詞＋[身体部位]と言う構造で、すでに目的語の位置は埋まっているので、ノンバーバル動作の対象を引き出すには前置詞の力を借りなければならない。

3.4.2　ノンバーバル動詞と前置詞の結びつき

　ノンバーバル動詞と関係のある前置詞は、"朝"、"対"、"向"、"跟"、"給"である。対象は必ずヒトでなければならない。また、意思表示をともなうことから、視覚動詞にはあった、前置詞"往"との結びつきはなくなる。
　これらの動詞と前置詞の関係を言えば、伝達動詞と前置詞の関係とほぼ同じである。
　しかし、"朝"だけは、伝達動詞との結びつきがないゆえ、動作の方向を定めることが主眼である。そして、他の前置詞と組み合わさった場合は、それぞれの前置詞のニュアンスを含んでいると考えていい。
　以下、順にみていきたい。
　まず、前置詞"朝"は、ノンバーバル動詞との結びつきは認められるものの、意思伝達の対象として、"朝"を選んでいるとは言えない。なぜなら、伝達動詞と"朝"の結びつきについては、その例が認められないからである。したがって、伝達の対象としての前置詞の役割を果たしていると認めるかは難しい。

　　196）　段莉娜忽地朝康伟业难为情地笑了一下，……『来』（段莉娜は突然康偉業の方に向いて、困ったようにほほえんで、…）
　　197）　时雨蓬朝人群做了一个鬼脸，……『来』（時雨蓬は人々に向かって、おどけた顔をしてみせて、…）

198) 他朝同学点一个头, ……『寒』（彼はクラスメートに向かってうなずいた…）

以下は、伝達動詞でも出てきた、"対"の視覚動作がからむ例である。

199) ……，我只见清瘦的我的女人抱了我们的营养不良的小孩在火车窗里，在对我流泪。『还』（やせた妻がわたしたちの栄養不良でやせた子供を抱いて、列車の中でわたしに向かって泣いているのがみえた。）
200) 我对她眨了一下眼，但她没发现。（わたしは彼女にウインクをしたが、彼女は気が付かなかった。）
201) 章明清对她摇手。『悲』（章明清は彼女に向かって手を振った。）
202) 他对我摇摇头。（彼はわたしに向かって首を横に振った。）

"対"は、「同一空間における対面関係」を保障することが本来の条件である。ノンバーバル動作においては、どの場合も、対面関係にあることは間違いない。対面関係であることに加えて、意思伝達の対象として、"対"を用いている場合は、伝達動詞でもみたような、他でもなくと言う［＋焦点化］のはたらきがあると考えられる。

ノンバーバル動作をする対象があるならば、そこには必ず何らかの意思伝達が起こっていると考えていいはずである。相手に伝わっているかはわからなくとも、何らかの合図を送っていたとは言える。

また、下の204)、205)ではコンテクストによって、相手にまで伝わっていることが認められる。

203) 其中两位妇人数次窥伺手表，还不断地对丈夫使眼色。『座』（その中の2人の婦人は何度も腕時計をみ、さらに絶えず自分の夫に目配せをしていた。）
204) 我对她点一点头，她也对我点一点头。『还』（わたしは彼女に向かってうなずき、彼女もわたしに向かってうなずいた。）
205) 我对她手招一招，教她等我一忽，她也对我手招一招。『还』（わた

◇ 第3章 ◇

しが彼女にわたしをしばらく待つよう手を振ると、彼女もわたしに手を振った。)

以下は、"向"の例である。"向"もヒトと言う物体の方向をあらわすまでのものから、何らかの意思伝達の対象を引き出す役割として、"向"を用いる場合まである。

206) 车外的人也<u>向</u>他们<u>挥手</u>，『平』（車の外の人も彼らに手を振っていた。)
207) 小女孩<u>向</u>我<u>摇头</u>说不知道。（女の子はわたしに首を振って、知らないと言った。)
208) 他带着微笑<u>向</u>我<u>摇头</u>，阻止我继续说下去。（彼は微笑を浮かべてわたしに首を振り、わたしが引き続き話をするのをやめさせた。)

上の例のうち、206)では意思伝達の対象を引き出す役割として"向"を用いているのかどうか判断が難しい。207)、208)の例は、動作とともに伝達動詞ないし、制止を促す動作が添えられている。やはり、"摇头"があらわすのはいわゆる「No」であって、それだけでは、何が「No」なのかをあらわすのは難しいのかもしれない。動作の対象の方向をしめすのに"向"を用いていることには間違いはないだろう。

209) 林华<u>向</u>姑娘们<u>递了个调皮的眼色</u>。（佐藤1978から引用）（林華は娘達にいたずらっぽく目配せをした。)
210) 我为什么要<u>向</u>他们<u>抱歉</u>？『平』（わたしはなぜ彼らに謝らないといけないのか。)

上の2つの例は、動作の方向をしめすために"向"を用いたともとれるが、また、対象が複数であることから"向"を用いたとも考えられる。210)になると、この"抱歉"が伝達動作なのか、またはノンバーバルな動作なのか、

判断は難しい。この文について言えば、同一空間で言う必要はすでになく、謝罪のことばと考えるか頭をさげる動作としてとるかはいずれの場合も可能である。しかしながら、意思伝達と言う視点で考えれば、すでに同等と考えてもいいだろう。

　以下は、"跟"の例である。"跟"になると、同一空間であることよりも、意思伝達の対象を引き出す役割として"跟"を用いていると判断できる。しかしながら、以下の例はコンテクストで考えれば、すべて、同一空間に存在することになる。伝達動作でもみてきたように、"跟"を用いれば、主体と対象はニュートラルな関係であり、他の前置詞のような上下関係など特別な関係をあらわさない。

211）　我看见她在跟我招手。（わたしは彼女がわたしに手を振っているのがみえた。）

212）　我跟她使了个眼色。（わたしは彼女にちょっと目配せをした。）

213）　……，忽然有二个男生远远的跟我招手说再见。『女』（…突然2人の男子生徒が遠くからわたしに手を振ってバイバイしてきた。）

214）　刘顺明也站在台前跟大家点头哈腰赔不是，……『千』（劉順明も台の前に立ち、頭を下げて腰を曲げてみんなにあやまった…）

　上の例で、213）、214）は、ノンバーバル動作のあとに伝達動詞がついている例である。ノンバーバル動作はあくまでも言語活動動作に臨場感をだすための修飾成分であることがうかがえる。

　以下の例は、"给"の例だが、ノンバーバル動作の対象ではなく、意思伝達の対象を引き出す役割として、"给"を用いている。"使眼色"と言う動作がこれだけの前置詞の選択を許すだけであって、上であがった、ノンバーバル動作と"给"の結びつきは限りなく難しい。

215）　我刚要说话，一位朋友给我使眼色，我知道他是不让我开口。『惯』（わたしが話をしようとすると、ある友達がわたしに目配せをした。わたしは彼がわたしに言わせないようにしているのがわかった。）

ここでは、「言うな」と言う情報を伝えるための"使眼色"であり、"給"はその対象を引き出すはたらきをもって用いられたのである。

3.4.3　ノンバーバル動詞と前置詞のまとめ

以上、ノンバーバル動詞と前置詞についてみてきたが、空間的な方向を引き出す役割として用いられる側面と伝達動作の対象を引き出す役割として用いられる側面とがみえる。ノンバーバルの動作が同一空間でおこなわれる以上、いずれの可能性もぬぐえない。しかし、動作が伝えようとする意味がはっきりすればするほど、伝達動詞と前置詞の関係と同様に扱うことができると考えていいのではないか。

3.5　心理活動をあらわす動詞・形容詞

ここでは、誰かに伝えるわけではないメンタル的に湧き出る感情と前置詞との関係についてみていく。ここで対象になる前置詞は主に"対"である。検証するのは、心理活動をあらわす形容詞と動詞である。動詞については、単なる心理動詞だけではなく、感情の出現、存在、消失をあらわす動詞フレーズもみる。

また、心理活動の中でも少し複雑な動詞フレーズをとると、前置詞が"対"から"把"への転換がみられる。この現象は他の動詞と前置詞の関係でも同様にみられる点である。

3.5.1　なぜ心理活動をあらわす動詞・形容詞が前置詞を必要とするのか

心理活動をあらわす表現になぜ前置詞を必要とするかを考えたい。まず、形容詞の場合は、目的語をとる機能は持ちあわせていない。主体がどうであるかと言う感情や評価をあらわすことが形容詞のはたらきである。そこにもう一つ要素が入ってくる場合、たとえば、216)のように、誰かが誰かに何らかの感情ないし評価をもっていると言う場合には前置詞の力を借りなけれ

ばならない。

  216) a. 她很客气。（彼女はとても礼儀ただしい。）
      b. 她对我很客气。（彼女はわたしにとても礼儀ただしい。）

　心理動詞は、目的語を動詞の後ろに本来おくことが可能である。しかし、とりたてて、「これについては」と言う場合には"対"で対象を引き出す。
　さらに、動詞フレーズが状態補語などを形成する場合はその後ろに目的語をおけなくなるため、前置詞でもって、目的語を引き出す。次の例のように、とりたてて言うと同時に、動詞フレーズは程度副詞をともなったり、状態補語でもって、ある感情を形容するなどして、述詞フレーズを複雑にし、相乗的に文を形成している。

  217) a. 我对他非常尊敬。（わたしは彼にはとても満足している。）
      b. 我对他满意得不得了。（わたしは彼には非常に満足している。）

　そして、感情の出現、存在、消失をあらわす動詞＋心理名詞［〜感など］の場合も対象を動詞の後ろにおくことはすでにできないので、やはり前置詞で対象を引き出すことになる。これについては以下に述べる。
　また、目的語については、ヒトからコトへの移行がみられる。コトになった場合は、前章でみたように、"対"から"対于"へのおきかえもでき、また前置詞フレーズは文頭におくことも可能になる。
　以下、順に例文とともにみよう。

3.5.2　心理動詞・形容詞と前置詞の関係

ⅰ）形容詞の場合　"怀疑"、"满意"、"热心"、"客气"、"恭敬"、"和蔼"、"好"、"热情"、"冷淡"、"认真"、"严格"、"负责"、"仁慈"、"实在"、"满足"、"凶"、"乐观"……

◇ 第3章 ◇

ⅰ-1) 目的語がヒトの場合

目的語がヒトの場合、対面関係から生じる"対待"の意味がはたらく。したがって、他の前置詞とのおきかえはできない。

218) 他对我很好。(彼はわたしに対してとてもよくしてくれる。)
219) 他对人很热情。(彼は人に対してとてもやさしい。)
220) 我们的战士对敌人这样狠。『白』(我々の兵士は敵にこんなに惨い。)
221) 她对我们很仁慈。(彼女はわたしたちに対してとても思いやる。)
222) 他对人很凶。(彼は人にとても凶悪である。)

ⅰ-2) 目的語が事柄の場合

目的語が事柄の場合は、先にふれた"対待"としてのはたらきはない。なぜなら、"对于"とのおきかえが可能になるからである。また、前置詞フレーズを文頭に持ってくることも可能になる。ある事柄について、どのような感情・評価をもっているかをあらわすのに感情の対象を前置詞でもって引き出すのである。

223) 对工作很热情。『H详』:432（仕事に対して真面目である。）
224) 对前景很乐观。『H详』:330（将来をとても楽観している。）
225) 对自己的成绩很满意。『H详』:357（自分の成績に満足している。）
226) 对公益事业很热心。『H详』:432（公共事業にはとても熱心である。）
227) 对前途很茫然。『H详』:358（途方に暮れている。）
228) 对这种气味很敏感。『H详』:367（この匂いにはとても敏感だ。）
229) 有些动物对天气变化非常敏感。『现汉』:953（動物には天気の変化に非常に敏感なものもいる。）

ⅱ) 態度・感情をあらわす動詞[58]

---

[58] ここでは、心理活動をあらわす離合詞についてはふれない。離合詞の場合はたとえば"发愁"は、前置詞との結びつきは前置詞"为"を用いる。また、感情とともに行為をともなうもの（たとえば、"抱歉"や"发火"、"生气"）もある。この場合、伝達動詞と前置詞との結びつきの特徴と重なる。

"注意"、"关心"、"信任"、"尊敬"、"尊重"、"讨厌"、"嫉妒"、"佩服"、"怀念"……

　　先にもふれたが本来、目的語は動詞の直後におけるが、とりたてて「これについては」と言う[+焦点化]をはかる場合には、"対"を用いて目的語を引き出す。以下の例も動詞の性格上、ヒトが目的語になるものが多いが、235)のように事柄をとる例もみられる。その場合の"対"の扱いは先のⅰ）と同様である。

　　230)　我们对你完全信任。『八』（わたしたちはあなたを完全に信頼しています。）
　　231)　在我的经验中,他是世上第一个懒人,因此我对他很注意：……『记』（わたしの経験の中で、彼はこの世で一番のなまけもので、だからわたしは彼を注目している）
　　232)　我对他讨厌得要死！（わたしは彼を死ぬほど嫌い。）
　　233)　看完这本小说,我对作者更佩服了。（この小説を読んで、作者にはもっと感心してしまった。）
　　234)　我对她不怎么同情。（わたしは彼女にあまり同情しない。）
　　235)　人为什么对过去的事物非常怀念？（人はどうして過去のものがとてもなつかしいのか。）

ⅲ）"有"類動詞＋NP等：
"有"、"有"類動詞【"发生"、"失去"、"产生"、"充满"etc】了＋NP、"感（到）"+NP
　　あるものに対して、何らかの感情の存在、出現、消失の変化をあらわす際にも、"対"を用いて、対象を引き出し、感情の動きを"有"類動詞を用いてあらわす。"有"類動詞については上にあげたようなものがでてくる。

　　236)　他对我有兴趣。（彼はわたしに興味を持っている。）
　　237)　我对老张有一点意见。『八』（わたしは張さんに少し不満がある。）

238) 我忽然就对他产生了一种亲近感，这在以前是没有过的。『回』（わたしは突然彼に対して親近感を持った。それは以前抱いたことがない気持ちだった。）

239) 顾客对他的热诚服务感到很满意。『现汉』:916（顧客は彼の誠意あるサービスにとても満足している。）

上の例をみるとわかるように、"有"類動詞の後ろには感情をあらわす二音節ないし三音節の心理動詞や心理をあらわす名詞がくる。たとえば、"……感"、"……心"や"疑虑"、"好奇"、"期待"、"信心"、"崇敬"、"希望"、"失望"、"敬意"、"信任"、"幻想"、"勇气"、"耐心"、"感情"、"认识"、"怀疑"、"恐惧"、"绝望"、"感觉"、"压力"、"厌倦"、"讨厌"、"愤怒"、"不满"、"不安"、"自卑"、"迷茫"、"疲惫"、"差距"などである。[59]

3.5.3　動詞フレーズによって前置詞が変更される場合

以上、"对"と心理活動をあらわす動詞や形容詞についてみてきた。心理活動をあらわす動詞や形容詞は必ず"对"と結びつくかと言えばそうではない。では、どのような場合に別の前置詞に役割を譲るのだろうか。

それは、動詞フレーズが結果補語や状態補語を含み、何らかの結果をあらわす場合に"对"ではなく、"把"を選ぶようになるのである。例をみよう。

240) 真的把我吓坏了！（本当に驚いたよ。）
241) 这场情景把我嫉妒坏了。（その場面にわたしは思いっきり嫉妬した。）
242) 她把我嫉妒得要死。（彼女は死ぬほどわたしを嫉妬させた。）
243) 今天遇上一华侨，把我羡慕死了。（今日一人の華僑にあったが、うらやましくてたまらなかった。）

59　ただし、後ろの二音節心理名詞によって、前置詞が変わってしまう例もある。たとえば、"自豪"の場合は、"你最近的成绩，我为你感到自豪。"と"为"を選ぶ場合もある。

心理動詞だけの気持ちを抱く程度では、"対"から"把"を要求する力はないが、上のように、何らかの結果を帯びると"把"を用いて対象を引き出すことができる。このような現象については、4.以降でさらにみることにする。

3.6 小結

以上、前置詞で何らかの対象を引き出す動詞について、それぞれが結びつく可能性がある前置詞をみ、一つの動詞が複数の前置詞をとる場合は、どのような特徴があるかをみてきた。

簡単ではあるが、上でみてきた動詞と結びつき可能な前置詞をまとめる。

相互動詞："跟"、※双方向から単方向に移行すると"対"
伝達動詞："跟"、"向"、"対"、"給"
視覚動詞："往"、"朝"、"向"、"対"、"跟"
ノンバーバル動詞："朝"、"向"、"対"、"跟"、"給"
心理動詞："対"、※フレーズに結果性を帯びると"把"

最後の心理動詞では、"対"と"把"の対立についてふれた。実際は、どの動詞であっても、動詞フレーズに何らかの結果性を帯びると対象を引き出す前置詞として、"把"を選ぶことになる。つまり、動詞と前置詞の関係をみる場合、多くの動詞において、"把"を選ぶ可能性があると言っても過言ではないのである。

つまり、動詞から結びつく可能性のある前置詞がある程度わかるが、動詞フレーズでは、同じ前置詞を用いるかどうかはわからない。これについては次章でさらに検討する。

4. 動詞フレーズから前置詞の選択をみる

これまでは、動詞によって選ぶ前置詞が異なること、一つの動詞が複数の前置詞を選ぶ可能性がある場合はそれぞれの前置詞が持つニュアンスによって、選ばれていることをみてきた。

しかし、3.5.3 でみたように、動詞レベルでみるだけでは選ぶ前置詞をみいだせないことがある。

本章では、今まで述べたものからさらに、動詞フレーズまでみてはじめて前置詞を選ぶ要因がわかるものについて、その判断基準がどこにあるかをみていく。

4.1　前置詞を選ぶ条件とは

前置詞をともなう文において、前置詞をとる条件とは何か。まず考えられるのは、後続の名詞フレーズとのかかわりである。

たとえば、"在"なら場所をあらわす名詞フレーズ、"给"なら「誰々に」「誰々のために」と言う意味でヒトと言うように、簡単に判断できるものもある。

しかし"从"や"对"の場合は、場所もヒトもコトも入る可能性があるので名詞フレーズだけみても判断しづらい。

次に、動詞との結びつきから決まる場合がある。ただ、これも"結婚"、"商量"のような相互動詞には"跟"と言うように、わかりやすいルールの中で結びつくものから、"给～打电话"、"为～服务"、"给 [向]～介绍"のように、かなりイディオム化して定着しているものまである。

中国語母語話者ではないわたしたちには、どういった条件で、動詞と前置詞が結びつくのかがわからない場合がある。ここでは、動詞とのかかわりから前置詞を選ぶ場合、どのような条件をもって、前置詞を選ぶのかについて、

◇第4章◇

　ここでは、特に"対"と"把"の双方をとる動詞に焦点をあててみていくことにしたい。

　"対"や"把"についての先行研究は、4.2でみる宋1996aを除いて、"対"なら"対"について、"把"なら"把"について、それぞれの前置詞と動詞との関係から前置詞の意味を論じたものがほとんどである。

　しかし、実際の例をみると、"対"と"把"のいずれとも結びつきが可能な動詞がある。これはつまり、前置詞と動詞の関係だけで、"対"を用いるか"把"を用いるかを判断することができないと言うことになる。したがって、動詞の前後を含む動詞フレーズから、前置詞選択の契機をさぐらなくてはならない。

　教育の現場でも、前置詞がどういった目的語をとるか、たとえば、"在"なら場所、"給"なら受益の対象となるヒト、"从"は起点、と言うように前置詞がとる格について説明がされているが、前置詞と結びつく動詞の特徴、どういった動詞と結びつきやすいかについてはあまり問題にされていない[60]。ましてや一つの動詞がいくつかの前置詞をとる場合、その違いについてはほとんど関心がないようにみえる。

　ここでは前置詞を研究する上で、また、教学の過程の中で、動詞との結びつきを考えることはもちろんだが、動詞フレーズとのつながりをみることも重要であることを述べたい。

4.2　問題提起〜"対"と"把"の選択条件の契機とは〜

　"対"と"把"（それに"連"）を比較した論文として、宋玉柱1996aがある。宋1996aによると、一般的に"把"と結びつく動詞には、[有積極的動作性、有処置性]、"対"と結びつく動詞には、[非動作性、非結束性、非暫時、没有処置性]と言う特徴があるとしている。しかし、以下の5つの例のように、同じ動詞がいずれの前置詞とも結びつく場合がある。

60　中西千香2004bでは伝達動詞と前置詞"向"、"対"、"跟"、"給"との結びつきについて論じた。本書では3.2参照。

244) 他们对女儿管得太严，把女儿都管傻了。『常』:238（彼らは娘に対し厳しくしつけて、娘をだめにしてしまった。）

245) 我们要把祖国历史学习好。宋1996a:39（わたしたちは祖国の歴史をしっかり理解する必要がある。）

246) 我们对祖国历史要好好学习。宋1996a:39（わたしたちは祖国の歴史について、しっかりと学べなければならない。）

247) 为了把学生教育好，需要学校和家长共同努力。『用』:558（学生をしっかりと教育するために、学校と保護者がともに努力する必要がある。）

248) 我们对他教育过几次，有点儿进步。『用』:558（わたしたちは彼に何度か説教したので、少々の進歩があった。）

これらの例から言えることは、動詞だけで、"対"と"把"のどちらの前置詞と結びつくかを判断することが難しく、動詞フレーズ全体やコンテクスト、その他の要因から判断しなくてはならない場合が存在すると言うことである。以下、動詞が"対"と"把"のいずれの前置詞とも結びつく例をあげて、両前置詞と結びつく条件についてさぐっていくことにする。

4.3 検討が必要な動詞群（"対"∩"把"＝"対"と"把"が結びつく動詞の積集合部分）と文型パターン

ここでは"対"と"把"ともに結びつく動詞（"対"∩"把"）と、それらがつくる文型を以下に分類しながら、検討していくことにする。この集合に属する動詞にはどのようなものがあるのだろうか。

まず、"対"と結びつく動詞について考えてみよう。"対"と結びつく動詞は、2.1でみたように、主体と対象との関係が同一空間に存在し、対面関係を前提に用いることができる動詞から、対面関係の制約がとれて、対象をヒト以外のもの、抽象的な事物を目的語としてとれる動詞にまで広がっている。

たとえば、以下のような例がそうである。

249) 我对她眨了一下眼，但她没发现。（わたしは彼女に目くばせをし

◇ 第4章 ◇

たが、彼女は気が付かなかった。）

250) 我在路上对他挥了挥手。（わたしは道で彼に手を振った。）

251) 我对他说我们要离婚了。（わたしは彼に自分たちが離婚することを話した。）

252) 我在电话里对他说了王老师的事。（わたしは電話で彼に王先生のことを話した。）

253) 我们对这件事分析得很清楚。（わたしたちはそのことについて、はっきりと分析している。）

254) 他们对这个方面比较熟悉。（彼らはその方面については、比較的熟知している。）

"対"と結びつく動詞のうち、"把"とも結びつく動詞は、主に前の4.2の例にあげた、「管理・制御」、「教育・研究」に関する動詞である。

先に述べたように"把"構文と"対"構文を比較したものに、宋1996aがある[61]。そこで筆者も以下、同論文をなぞりながら、同論文の考えと筆者の考えの違いをしめしていきたい。

（1） P+NP+VRの文

まず、"対"、"把"ともに結びつく動詞が結果補語をともなうかたちをみてみよう。宋1996aでは、先にふれたように、"把"と結びつく動詞は、[有积极的动作性、有处置性]と言う特徴があることをあげている。しかし、以下の例をみれば、結果補語をともなう場合は、動詞の他動性の強弱とかかわりなく、"把"構文を構成していることがわかる。

255) 你一定要把这些东西管理好。『用』:405（君は必ずこれらのものをちゃんと管理しなければなりません。）

256) 老师把技术都教给了徒弟。『用』:551（先生は技術をすべて弟子

---

[61] 宋1996a:43 では"对"、"把"、"连"がともに構成することができる文を 1)動詞の後ろに"得"補語がくる場合、2)動詞の後ろに直接補語がくる場合、3)"对"、"把"、"连"が前置兼語を導く場合、4)名詞化した動詞が目的語となる場合にわけて検証している。本書では 3) は 2) のグループに含めることにする。

に教えた。)

257) 即使有困难，我们也要把孩子养育成人。『用』:1246（たとえ大変でも、わたしたちは子供たちを立派に育てなければならない。）

258) 我们要把祖国历史学习好。宋1996a:39（わたしたちは祖国の歴史をしっかり理解する必要がある。）

これは、動詞自体の他動性がさほど強くなくても、結果補語によって、動作による結果をもたらしたと言うことで、"把"構文が用いられるわけである。宋1996aであげている、[有积极的动作性, 有处置性]と言う条件は、結果補語も含め、動詞フレーズ全体でとらえて考える必要がある。

（2） P+NP+V 得～の文

同じ動詞フレーズを使っていても"対"と"把"の両方の前置詞の入る可能性があるものに、"得"を含む動詞フレーズ（状態補語）がある。以下の例をごらんいただきたい。

259) 父母把他管得很严。（両親は彼を厳しくしつけた。）
260) 平时妈妈对他管得很严。（ふだん母は彼に対するしつけが厳しい。）

この２つの例は、一見、同じ動詞フレーズであるが、インフォマントの判断では、259)の動詞フレーズは、対象へのはたらきかけの結果までも感じられると言う。260)は、母親が彼に対してどのようであるかと言う態度に重点があり、動詞フレーズが"管"と言う動作の様相をあらわしている。

つまり、みかけ上、同じ状態補語を含む動詞フレーズでも、その意味の違いによって前置詞が選ばれているのである。これは言いかえれば、"把"の場合は、動詞フレーズが結果をあらわし、"対"の場合は動詞フレーズが結果ではなく、動作のあり方の描写や何らかの評価を述べていると考えられる。もう少し例をみてみよう。

261) 他对病人照料得很周到。『常』:961（彼は病人に対して、世話が

ゆきとどいている。)

　上は、辞書の例ではあるがインフォマントの中には、"把"の方がいいと判断するものがいた。これは、動詞フレーズそのものが結果の方に理解される傾向にあるからであろう。

　　262)　我觉得人家对这件事分析得很有道理。(わたしは彼のそのことについての分析はとても道理にあっていると思う。)
　　263)　老师把这个复杂句子的语法关系分析得十分清楚。『用』:325 (先生はこの複雑な文の文法関係をとてもはっきりと分析した。)

　インフォマントによれば、262)の場合、動詞フレーズは動作"分析"のあり方、様相をあらわしているが、263)になると動詞フレーズは動作の結果をあらわすため、"对"を用いることが難しいと言う。

　　264)　他母亲对他管得很严，经常打电话到宿舍问他的情况，还要宿舍的其他同学多看着他点儿。(彼の母は彼にはしつけが厳しく、いつも宿舎に電話してきて、彼の状況を尋ねたり、また宿舎の彼のクラスメートに彼をよくみているように言った。)
　　265)　女孩子太漂亮又爱玩，或许是个不让人放心的女友，于是男孩子把女孩子管得紧紧的，但还是常常因为莫名吃醋而争吵，吵得狠起来也说过分手。(女の子が美しすぎて、可愛らしい、あるいは気が気でない彼女ならば、男の子はそこで女の子をきつく拘束してしまうが、やはりしばしばわけがわからずやきもちをやいて口論となり、激しくなって別れようとなってしまう。)
　　266)　她把家管得井井有条。『用』:405 (彼女は家をきちんときりもりしている。)

　264)〜266)の"管得〜"の文は、インフォマントによれば、いずれも相互のおきかえが難しいようだ。一つには、コンテクストにかかわっているこ

とから、もう一つには、264) では、動詞フレーズが動作"管"の様相をあらわしており、265)、266) では、動詞フレーズが動作の結果をあらわしているからである。したがって、後者の文の"把"の位置に"対"を用いることはできない。次に二音節動詞"管理"の場合はどうだろうか。

267) 对他们管理得严厉了，他们就拉帮结派地进行抵抗，或者干脆一拨一拨地走人；对他们管理得宽松了，他们就更随心所欲，上班去喝酒，巡逻时，躲藏起来打瞌睡，甚至还监守自盗。(彼らに対してひどく管理すれば、徒党を組んで抵抗をするか、あっさり一人一人いなくなるかだ。また彼らに対してゆるく管理すれば、彼らはもっと思いあがって、出勤して酒を飲み、パトロールの時に隠れて眠るとか、業務横領だってすることになる。)

268) 如果对他们管理得这么严厉，那么他们就根本无法生存了。(もし、彼らに対してそんなにひどく管理しては、彼らは全く生きていけない。)

上の2つの例とも動詞フレーズはシテの動作"管理"の様相をあらわし、"対"との結びつきを求めており、"把"とは結びつきにくい。

269) 管理人员对下级不要控制太严，把他们管理得紧紧的。(管理人員は部下に対して強くコントロールしたり、きつく管理するのはいけない。)

270) 新主人为了提高工作效率及防范背叛逃走，会把他们管理得非常严苛。(新しい主人は仕事の効率の向上や逃走防止のために、彼らを非常にひどく管理するだろう。)

271) 她把商店管理得不错。『常』:239 (彼女はお店をちゃんと管理している。)

上の3つの例はいずれも結果をあらわしており、これらの"把"の位置に"対"を用いることはできない。次に、動詞"控制"の場合をみてみよう。

◇ 第4章 ◇

272) 他对公司控制得更严了。(彼は会社に対して、より厳しい支配をするようになった。)

273) 公司里过多精细的流程、程序化的方法限定了员工活动的空间，但这样可以把公司控制得很好，从而控制企业的整体业绩。(会社の中の多くの精密な工程、システマティック化した方法は従業員のはたらく空間を制限したが、こうすることで、会社を良好にコントロールし、企業全体の業績をコントロールすることができた。)

　上の2つの例についても、272)の"对"を用いた場合、動詞フレーズは、シテの動作"控制"の様相について述べており、273)"把"の場合は、これまで述べてきたことと同様、動詞フレーズは、"控制"の結果をあらわしている。

　以上から、同じ動詞フレーズ「動詞+"得"〜」であっても、"对"を用いた場合の後続の動詞フレーズ「動詞+"得"〜」は、おのおのの動作がどうであるかと言う様相について言及しており、また、"把"を用いた場合の動詞フレーズ「動詞+"得"〜」は、動作の結果について言及していると言うすみわけがあることがわかる。つまり、「動詞+"得"〜」には状態的なものをあらわすものと結果的なものをあらわすものとの2種類があると言うことになろう。

4.4　P+NP+V+O（Oは二音節動詞）

"作（做）"、"加以"、"进行"＋"研究"、"训练"、"分析"、"分类"、"软化"、"调整"、"宣传"……

　上記以外の動詞で、"对"、"把"のどちらを用いるべきか判断が困難なもう一つのケースに形式動詞がある。ここで"对"、"把"にかかわる形式動詞は、"作（做）"、"加以"、"进行"である。この3つについてみていきたい。
　宋1996a:54では、"进行"は"对"構文の述詞としては用いることが

できるが、"把"構文では用いることができないとしている。しかし、刁2004には【表4-1】のような統計がある。この表からわかることは、宋1996aの論とは異なり、"把"と"进行"が結びつく例がみられると言うことである。

しかし、表からわかるように、比率は1:13 で、圧倒的に"対"と結びつく例が多い。

【表4-1】"进行"と結びつく前置詞統計　刁2004:175 より作成

形式	介词结构	
	把／将	対（于）
用例	58	786

刁2004によれば、"加以"では、以下のように両前置詞が拮抗している。

【表4-2】"加以"の受け手成分を導くパターン統計　刁2004:364, 表36 から引用

形式	介词结构……		
	把／将	対（于）	……
用例	86	100	……

刁2004には、残念ながら"作(做)"と結びつく前置詞の統計は出ていない。これはおそらく、刁氏が前置詞に対する関心がうすいか、あるいは"作(做)"があまりに多くの前置詞と結びつく可能性が高いからか、または一音節で容易に結果補語をとりやすいことから、統計をとると膨大になるからであろう。

以下、刁2004とは逆に形式動詞"作(做)"、"加以"、"进行"の順で、前置詞"対"、"把"が結びつく例をあげて、その違いについてみていこう。

（1）　PP＋"作(做)"＋二音節動詞の例

形式動詞の"作(做)"は、その直後にアスペクト辞や結果補語をともなうことが可能である。つまり、動作の結果をあらわすことができるので、"把"との結びつきが"作(做)"、"加以"、"进行"の３つのうちで最も多いと考

◇ 第4章 ◇

えられる[62]。

> 274) 対这个问题,他作了详细的解释。宋 1996a:53（この問題について、彼は詳細な説明をした。）
> 275) 王还先生对"把"字句的"宾语"的性质重新作了研究,……宋 1996a:56（王還氏は"把"構文の"目的語"の性質について改めて研究をおこない…）
> 276) 鲁迅的确是把艺术的重要性以及艺术与政治的关系,作了精确的说明的。宋 1996a:53（魯迅は間違いなく、芸術の重要性および芸術と政治の関係を精密に立証したのだ。）
> 277) 他只想赶快把这件事作个了结。（彼はただ早くこのことを解決したかったのだ。）

　274)のように前置詞フレーズが文頭にくる場合は、"把"を用いることは不可能である[63]。275)では"把"を用いても文は成立可能である。これは、動詞フレーズ"做了研究"に対象へのはたらきかけと言う動作性が多少あると言えるからであろう。276)は、実現した動作であり、立証をおこなったと言う事実がそこにあることから、"対"を用いるのは難しい。しかし、インフォマントによれば、文末の"的"がなければ、"対"を用いることが可能になると言う。277)については、"作了結"の動作性が強く、フレーズ自体が結果を導いているので、"対"を用いることが難しい。

（2）　PP＋"加以"＋二音節動詞の例
　"加以"は、先に述べた【表4-2】にあるように、"対"と"把"のいずれの前置詞とも結びつく可能性を持っている。形式動詞としての動作性は強い

---

[62] 百度（http://www.baidu.com/）の高級検索で、"対"との結びつきを調べると、"対死亡做好准备（死に対して準備する）"や"対失败做好准备（失敗に対して準備する）"などの例がみられる。しかし、この場合の"対"と目的語の関係はバーチャルな中での対面をあらわしているので、これらの"対"の動詞性はまだあり、これらを前置詞と断定することは難しい。

[63] 宋 1996a:53でも"対"フレーズが文頭にくる場合も"把"におきかえられないことを指摘している。

わけでも、弱いわけでもない。つまり、後続の動詞の動作性やコンテクストによって、前置詞を選んでいると言えるだろう。

278）　下面我们对上述论点分别加以论述。宋 1996a:22（以下では、わたしたちは上述の論点の違いについて論述をしていくことにする。）
279）　下面我们对这三种句式中有相同结构形式的情况加以考察。宋 1996a:43（以下では、わたしたちはこの３つの文型の中の共通の構造パターンが存在する状況について考察をしていく。）
280）　我们把这两种句式加以比较，可以很明显地看出这种差别来。宋 1996a:29（わたしたちはこの２つの文型を比較すれば、はっきりとその違いがみえてくるだろう。）

　278）、279）とも、これからやろうとする動作で、話者は具体的な結果があらわれていないところから述べており、"对"が用いられている。また一方、動詞"论述"、"考察"の動作性も弱い。これらが重なった結果、"把"を用いることが難しくなる。
　280）の場合は"对"を用いることも可能だが、後続文から、すでに結果を含意していることがわかるので、ここでは"把"を選択したと考えられる。
　宋 1996a:53 では、次の２つの例の使いわけについて、説明が困難であるとしているが、その違いをここで改めて考えてみたい。[64]

281）　依据句子成分的各种组织情形而把句子加以分类的，叫做句模。『语』:285（文成分の各組織のかたちに基づいて、文を分類したものを文モデルと言う。）
282）　因此，要对句子加以分类，首先就要看句子在表达逻辑判断方面到底有哪些不同的表达方式。同:277（そこで、文について分類をするには、まず文がロジック判断をあらわすのにいったいどんな異なる表現方式が

---

[64] 宋 1996a:53 には "在这种情况下，要判断在什么条件下该用"把"字，在什么条件下该用"对"字是很困难的。（この状況下においてはどんな条件の下で"把"を使うのか、どんな条件の下で"对"を使うのかの判断はとても難しい。：筆者訳）" としている。

あるのかをみなければならない。)

　宋1996a はこの2つの文の"对"と"把"は、ほぼ同じニュアンスで用いていると述べている。しかし、これまでの議論をふまえて考えれば、281) は、話者が動作"分类"がすでに実現した動作であるところから述べているので、"把"を用い、282) は、話者が動作"分类"にまだ結果があらわれていないところから述べており、したがって、"对"を用いていると説明することができる。
　このように、同じ動詞フレーズを用いるにしても、発話者が、動作の結果があらわれていなかったり、想定していない立場から述べる場合は"对"を用い、また、動作の結果があらわれていたり、想定している立場から述べるのであれば、"把"を用いることが可能である。このように、発話者の意図するところによっても、前置詞の使いわけが起こる。

　(3)　PP＋"进行"＋二音節動詞の例
　"进行"は、この3つの形式動詞の中でも、それ自体の動作性が最も弱い。また、"进行"の後続の動詞も二音節で、これもまた動作性の強いものはあまり多くない。
　したがって、先に述べた、刁2004 の【表4-1】にあるように、"对"との結びつきが高く、"把"との結びつきは、それに比べて低い。ただ、"把"が"进行"と結びつくことはないと言う宋1996a の考えは、全体的傾向を述べたものであって、全くないとは言えないようだ。"把"が用いられる場合は、後続の動詞やコンテクストによって決まる。

　　283)　调查组正在对事故原因进行分析。『用』:325（調査グループは現在事故原因について分析をおこなっている。）
　　284)　她丈夫又没有对儿子进行教育。宋1996a:42（彼女の夫は息子に対して教育をしていない。）
　　285)　我们还没有对他进行劝告。宋1996a:43（わたしたちはまだ彼に勧告をしていない。）

286) 我们把她送到了医院，大夫对她进行了全力以赴的抢救。⊐2004:170（わたしたちは彼女を病院に護送し、医者は彼女に対して全力をあげて救命措置をおこなった。）

287) 李约瑟曾把墨子光学与古希腊光学进行比较。⊐2004:175（ジョセフ・ニーダムはかつて、墨子の光学と古代ギリシャの光学を比較した。）

283)、284)、285) とも、ここで"把"を用いるのは難しい。いずれも進行中の動作、あるいは実現していない動作であり、結果があらわれていないので、"対"が選ばれていると考えられる。286) についても同じで、ここで述べているのは全力で救助活動をしていると言うことであり、救われたかどうかと言う結果はあらわれていない。したがって、"対"が選ばれ、"把"を用いることができない。

287) は、具体的な結果が出ているわけではないが、副詞"曾"があることで、動作を通して何らかの結果がすでに出ているので"把"が選ばれている。ただし、この文について、あるインフォマントは、"対"を用いることも可能だと判断した。これは、宋1996aの言うように、"把～进行～"よりも"対～进行～"の方が規範的と言うことがその理由となっているのであろう。[65]

こうしてみてくると、"作(做)"、"加以"、"进行"の順で結びつく動詞（フレーズ）の動作性がより弱くなってくる。前置詞"把"は、動詞フレーズに強い動作性、結果性を求める前置詞なので、"进行" < "加以" < "作(做)"の順で結びつきの頻度が上がる。

また、逆に前置詞"対"の場合は、結びつく動詞フレーズに、はっきりとした処置や結果を求めないことから、"作(做)" < "加以" < "进行"の順で結びつきの頻度が上がると考えられる。

---

65 宋1996:54 に"把～进行"は非文であり、"进行"を"作"に改めなければならないとしている。つまり、"进行"を"作"に改めれば文は成立すると言うことである。

4.5 小結

ここでは、"対"∩"把"の動詞群、そして、動詞フレーズ、形式動詞の例を通して、前置詞選択の契機をみてきた。その結果、以下の２つの条件によって、"対"や"把"を選択する傾向があることが明らかとなった。

1) 動詞フレーズ

結果補語を用いれば、動詞の動作性の強弱にかかわらず、"把"と結びつく。一方、状態補語の場合は、動詞フレーズが動詞の動作の様相をあらわす場合と動作の結果をあらわす場合の両方があり、動詞の動作の様相をあらわす場合は"対"、動作の結果をあらわす場合は"把"と結びつく。

動詞フレーズが、いずれをあらわすかについては、コンテクストや話者の意図するところからそれをみることができる。また、これを裏返して言えば、発話者が"対"を選んだ場合には、後続の動詞フレーズには動詞の動作の様相をあらわすことが求められ、シテの態度や話者の評価をあらわす文となる。また、"把"を選んだ場合には、動詞フレーズに動作の結果を求めたと言える。

2) 形式動詞の動作性

4.3で形式動詞の動作性によって"対"と"把"をとる頻度に違いがあることをみた。"把"はより動作性の強い形式動詞との結びつきが強く、逆に形式動詞の動作性が弱いと"対"と結びつきやすい。こちらも動詞による動作の結果があらわれているか、話者の中で結果を想定しているかどうかが"対"と"把"の選択の契機となっている。また、形式動詞に続く動詞の動作性もどちらと結びつくかとかかわっていると考えられる。

5. 前置詞の文型から前置詞の意味・機能の特徴をさぐる

　本章の目的は、前置詞の実・虚のレベルや文型などの特徴から前置詞を再分類することである[66]。
　そこで、ここでは、俞士汶2003『现代汉语语法信息词典』の［介词库］の調査結果を参考にする。また、その結果と実例を通して、前置詞の機能を分類し、同時に、前置詞の虚化の度合いの差をしめす。
　また、前置詞フレーズが連続して使われる場合の特徴についてもみてみたい。
　これまでみてきたとおり、通常、現代中国語において、前置詞が用いる文を考えるとき、典型として、文型A：NP_1 + $\boxed{P + NP_2}$ + VP +（NP_3）。を考える。
　これは、前置詞が連動式の第一動詞の位置におかれることからはじまり、この位置におかれた動詞が恒常化することで、動詞性がうすれ、前置詞としての地位を確立していくことからである[67]。
　しかしながら、連動式から発展してきた名残も当然存在する。たとえば、否定副詞などの修飾成分が前置詞の前におくことが可能であることがそうである。一方で、この位置におかれた動詞がより虚な用法になり、すでに機能

---

[66] 前置詞の再分類を試みたものに針谷1996がある。針谷1996は前置詞句と副詞・主語が共起する場合の語順、主語の前にくる場合、前置詞句が定語（連体修飾語）になる場合の意味の制限から前置詞の性質は一様ではなく、その違いを統語論的に論証したものである。針谷1996では再分類する際の指標を提示し、その指標を実例により検証し、再分類が可能であることを確かめるにとどまっている。

[67] Chao Yuanren1968『A GRAMMAR OF SPOKEN CHINESE』8.2でも、「いくつかの他動詞が連動式の第一動詞の位置におかれることがあり、これを副動詞（coverb,K）と呼ぶことができる。この中でも、いくつかはこの位置にしかでてこなくなり、他の場所にはでてこない。それは本当の介詞である。（筆者訳）」と言及している。さらに、「介詞の最も重要な特徴はアスペクト変化がないことであり、また述語の中心としては用いない（筆者訳）」としている。前置詞はこれまで述べてきたようにフレーズだけで述語になるのは難しく、後続の動詞フレーズなどが必要である。

語としての役割が濃厚になると、前置詞フレーズの後ろの動詞フレーズの前に、これら修飾成分がくるのである。

　これらの検証をするために、俞士汶2003『现代汉语语法信息词典』の［介词库］を用いる。5.1でこの［介词库］の内容を概観し、問題点にふれたい。また、5.2で筆者なりの分類のための留意点を述べ、実際に5つのグループにわけてみる。

　そして、5.3で前置詞フレーズが文頭にくるパターンについてみる。文頭までくることができる前置詞や文頭にしかこられない前置詞は限られる。また、"从〜到〜"のように文頭にPP$_1$とPP$_2$がならんで"框式介词"を形成する場合もある。これらもどのようなルールの中で決まるのかをみたい。

　最後に5.4で再確認するのが、文中で前置詞フレーズが複数ならぶ場合である。多くは2つだが、3つならぶ場合もある。これを（S）＋PP$_1$＋PP$_2$……＋VP。であらわす。ここでは、PP$_1$とPP$_2$の語順を全く変更できない場合と、話者の語感によって、前後が移動可能な場合について検証する。

5.1　俞士汶2003『现代汉语语法信息词典』の［介词库］について

　［介词库］は、85個の前置詞に対して、どんな対象を引き出すのか、文成分の性質、主語の前にくるかどうか、独立成分になることができるか（","で区切ることができるか）、目的語にどんな成分がくるのか、前置詞フレーズのみで言えるかどうか、否定副詞が前置詞フレーズの前にくるのか、助動詞が前置詞フレーズの前にくるのかなど、21項目のチェック事項を立て、表にしたものである。

　この［介词库］は、前置詞一つ一つの機能をみるために作成されたわけだが、全体を通してみれば、前置詞と言う一つの品詞にまとめられていても、個々の機能の度合いが違うことがわかる。

　［介词库］を検証することは、前置詞の機能や機能化のレベルをみるのに大きな助けとなる。しかし、［介词库］自体に、問題を感じる部分もいくつかある。たとえば、"跟"の扱いである。たとえば、以下の例である。

288) 我不跟他一起走。(わたしは彼と一緒に行かない。)
289) 我跟他不一様。(わたしは彼と違う。)

　後続に動作動詞がくる場合、否定副詞は"跟"の前におかれる。しかし、同等の比較対象を"跟"で導き、後ろに形容詞("一様"、"差不多")などがくる場合は、述詞の前に否定副詞がくる場合がある。
　つまり、289)の"跟"は288)の"跟"より前置詞の動詞性が弱い、それは、289)の"跟"には"跟"が本来持つ、随伴義がすでにないからである。"跟"の本来の意味から離れて、比較の対象を引き出す機能として"跟"が用いられるようになると、より介詞としての機能があがっている。この２つの例について言えば、前者の否定副詞の場所はここでしかないし、後者の場合も否定副詞は両方におくことができるとは言え、述詞の前におかれるのが普通であり、"跟"の前におかれた場合は、"跟"の目的語をきわだたせるニュアンスになる。
　この２つの位置をみることは、前置詞の動詞性の強弱の違いをみることにもなる。これは"跟"に限ったことではなく、他の前置詞であっても同じで、同じ前置詞でも対象の異なりによって、他の要素の位置が変わる可能性があり、それによって、前置詞の機能化の度合いをみることができるのである。
　このような違いがあるのにもかかわらず、[介詞庫]では、一つの"跟"として取り扱っている。ここでは、"跟"を"跟(比較、関係の対象)"と"跟(随伴、共同行為の対象)"の２つにわけることとする。[68]
　また、この中で前置詞として項目を立てている"只限"、"及至"も以下の分類からはずしたい。"只限"は辞書によっては見出し語として収録しないものもあるし、また、動詞として扱う辞書もあり、前置詞として扱うかどうかの判断が難しい。また、"及至"は前置詞よりも接続詞として取り扱う辞書もあり、同じく前置詞として扱うかの判断が難しい。したがって、以下の分類からはずすことにする。
　また、比較や差異をあらわす前置詞"跟(比較の対象)"、"比"、"離"に

---

68 "和"、"与"、"同"も同じ用法の場合はこれに準ずる。

ついては、後ろに動作動詞がこないことから他の前置詞とは性質を異にするので、以下の分類からは暫時はずす。

"跟（比較、関係の対象）"は比較や関係の対象を引き出すことに徹しており、本来の意味からはすでにうすれている。また、後続の述詞は、通常、290）～293）のような、同異や関係をあらわすことができるだけで、どのように同じであるかや、どのように異なるかと言う場合は、294）のように状態補語を使うなどして、文を複雑にしなければならない。

290) 我跟他不一样。／我不跟他一样。（わたしは彼と違う。）[69]
291) 学习和锻炼身体不对立。『H详』:143（勉学と体を鍛えることとは対立しない。）
292) 这儿跟上面不对应。『H详』:144（ここは上とはかみあわない。）
293) 我跟他没什么关系。（わたしは彼と何の関係もない）
294) 在这一点上，我跟他差得非常远。（この点においては、わたしは彼とははるかに劣る。）

"比"は、否定副詞"不"が"比"の前にくることから動詞性が残っていると言える。

"离"も本来の意味を残し、動詞性を保持しているようにみえるが、否定副詞については、述詞の前におかれる。この点から言えば、動詞性はうすれていると考えられる。ただ、"比"、"离"ともに単独では使えず、後続の述詞を必要とする点では、すでに純粋の動詞ではなくなっている。

以下、残りの82個の前置詞に対して、グループわけをおこなうことにする。

5.2 文の中のPPの位置、否定副詞、助動詞の位置との関係から

0.であげた前置詞がつくる文型を再度ここにあげる。

---

[69] 実際は、"我跟他不一样。"の方が頻出の表現で、教学の現場でもこちらを教えるが、"我不跟他一样。"も非文ではない。この場合は、"他"をきわだたせ、「私は彼とは違う」のニュアンスを持つ。

文型 A：NP_1 + $\boxed{P + NP_2}$ + VP + （NP_3）。
文型 B：$\boxed{P + NP_2}$ + NP_1 + VP + （NP_3）。
文型 C：NP_1 + V + $\boxed{P + NP_2}$

　文型 A が典型的な前置詞構文であることは、再三述べてきた。文型 A の場合は、前置詞フレーズの前に修飾成分をおけるが、文型 B では、修飾成分をおけなくなる。つまり、文型 B のほうが、より虚化、機能化した用法と言える。

　わたしたちは、2.1 や 2.2 で、"対" や "跟" を例に、より虚へ向かうことで、修飾成分を前置詞フレーズの前におけなくなることをみてきた。"対(于)" はさらに文頭にくる機能まで有することをみた。

　他の前置詞についてもこのような機能を検証することで、全体の前置詞のはたらきを概観することはできないだろうか。

　そこで前述の［介词库］の結果をもとに、一つ一つの条件をみながら、前置詞の虚化のレベルを確かめることにする。

　以下、前置詞の動詞性の強弱によってグループわけをしていく。筆者が［介词库］の結果の中でも動詞性の強弱の判断材料として、注目する主な項目は以下の 3 項目である。[70]

　　i 　主語の前におけるか否か（"主前後"）
　　ii 　否定副詞が前置詞フレーズの前にくるか否か（"否定前後"）
　　iii 　助動詞が前置詞フレーズの前にくるか否か（"助動前後"）

　まず、i の主語の前におかれるか否かだが、文型 A の枠を越えて、主語の前におけるもの、つまり文型 B を作る前置詞は、すでに動詞性を喪失した、または動詞性を喪失した用法も持っていると判断できる。なお、この文頭におかれる前置詞の用法については、5.3 で改めて検討する。

70　針谷 1996 では副詞 "也" と "都" の位置についても前置詞の下位分類を決める条件としてあげている。この 2 つは文頭にくる前置詞フレーズにつくことはなく、また、かかるもの（主語または前置詞の目的語）によって位置の移動をするので前置詞の動詞性を測るには難しい。したがって、本書の条件からははずした。ちなみに［介词库］にもこの項目はない。

◇第5章◇

　次に、ⅱとⅲの否定副詞と助動詞が前置詞フレーズの前にくるか否かだが、通常の前置詞構文においては、否定詞は前置詞の前におかれると言うのがノーマルなかたちである。これは、前置詞が動詞起源であることを裏付けるものでもある。しかし、否定副詞や助動詞が前置詞フレーズより後ろにあらわれる例もある。これは、前置詞フレーズが一つ虚なレベルに向かっていると考えてもいいだろう。

　筆者は上記から確かめられる前置詞の動詞性の強弱によって、大きく5つに分類した。順にみていこう。

5.2.1　Group1："关于"、"基于"、"每当"、"至于"

以下の2つがGroup1の共通する条件である。
　① 　前置詞フレーズは主語より前にくる。
　② 　常に前置詞フレーズの前に修飾成分（否定副詞、助動詞など）をおけない。

　これらの前置詞は、文型Bのみを許すものである。前置詞は単独で述語になれないとは言え、"关于"などは、文章のタイトルになって単独で言うことも可能である。また、以下の例でもわかるように、これらはまた、","で区切ることができ、独立成分にもなれる[71]。この点でも動詞性がうすれていると言える。

　　295）　<u>关于</u>这个问题,他们讨论了许久。『H详』:205（この問題に関して、彼らは長い間議論した。）
　　296）　第一、第二个问题我们已经讨论了，<u>至于</u>第三个问题，我看下次再谈吧。『H详』:676（一つ目と二つ目の問題はもう議論しました。三つ目の問題については次回に話をしませんか。）

71　藤堂ら1985：117は"对于"、"关于"、"至于"を例に「これらはわりあい独立性が強く、述語動詞との縁を切って、文の冒頭にとび出し、文全体にかかわることが多い」として、これらを「変形」例であると指摘している。

297) 基于各种原因，会有差异。（もろもろの原因によって、相違がでてくる。）
298) 每当晚上感到很寂寞。（夜になるたびに寂しくなる。）

5.2.2　Group2："据"、"除"、"除了"、"对于"、"鉴于"、"正如"、"自从"、"作为"、"由于"

　Group2 の条件は次の2つである。
① 前置詞フレーズは主語より前におくこともできる。
② 常に前置詞フレーズの前に修飾成分（否定副詞、助動詞など）をおけない。

　このグループは、文型Aと文型Bが可能なものである。これらの前置詞は、前置詞フレーズの後に動詞フレーズをともなうが、前置詞フレーズが主語より前（文頭）におかれ、後続の述詞と離れて使うことが可能なものである。この機能を有することが、前置詞の動詞性を欠く一つの条件となる。また、いかなる場合でも前置詞フレーズの前に否定副詞、助動詞をおけない点でも、動詞性は欠けていると言える。以下の例をみよう。

299) 鉴于他的表现，学校奖励了他五百元钱。『H 详』:264（彼の態度に鑑みて、学校は彼に500元の奨励金を渡した。）
300) 对于这种人应该批评教育。『H 详』:144（このような人については、説教して正す必要がある。）
301) 作为一名老师，应该对每个学生负责。『H 详』:708（一人の教師として、一人一人の学生に対して責任を持たなければならない。）
302) 自从买了录像机，他便天天晚上看录像。『H 详』:698（ビデオデッキを買ってから、彼は毎晩ビデオをみている。）
303) 据我的调查，情况不是这样。『H 详』:299（わたしの調査によれば、状況はそうではない。）

上の例はいずれも、前置詞フレーズの前に否定副詞"不"や助動詞を挿入することはできない。否定副詞"不"や助動詞などが入る場合は、300)、301)のように、前置詞フレーズより後にでてくる。

　ただ、この中でも"据"は、否定副詞のくる例、助動詞のくる例が検出されていない。そして、独立成分にもなることができる。つまり、後続の述詞と離れることができる。このような点から言えば、Group1に近い部分もあり、より機能化していると言えよう。

5.2.3　Group3："本着"、"从"、"待"、"当"、"当着"、"对"、"根据"、"经"、"经过"、"连"、"连同"、"临"、"凭"、"凭借"、"顺着"、"通过"、"为了"、"为着"、"依"、"依照"、"因"、"因为"、"在"、"照"、"照着"、"针对"、"遵照"、"趁"、"趁着"、"乘"、"按"、"按照"[72]

　Group3の条件は以下の2つである。
① 　前置詞フレーズは主語より前におくこともできる。
② 　文頭（主語より前）に前置詞フレーズをおいた場合には、前置詞フレーズ前に修飾成分（否定副詞、助動詞など）をおけない。

　上の②の条件は、文型Aも文型Bも可能だが、文型Bの場合は、その前に修飾成分をおけないと言うことである。前置詞フレーズが文頭におかれることにより、前置詞フレーズの前に、否定副詞、助動詞もおけなくなる。前置詞フレーズは、文頭におくと言う機能によって、文型Aしか許容しない前置詞よりも一歩虚な用法を持つと言える。また、前置詞フレーズの前に何もおけなくなることも動詞性を欠く一つの条件となる。

　2.1で、前置詞フレーズが文頭にくると、話題化の機能を持ったと述べたが、"对"に限らず、他の前置詞でも、文頭にくる機能を持つと、あらゆる修飾成分をつけることはできず、話題化の機能を有する。

---

[72] ［介词库］で、"按照"について、否定副詞は前置詞フレーズの前、助動詞は前置詞フレーズ前後可能となっている。しかし、"按(照)规定他们不应该买股票。"（規定では彼らは株を買えない。）の例からみても前置詞フレーズの前後とも可能であることがわかるのでGroup3に入れた。

まずは"対"の場合をみよう。"対"フレーズが文頭にきた場合、修飾成分は前置詞フレーズより前にはおかれず、後ろにくる。

304) <u>对</u>这种人<u>不</u>放心。『H详』:163（このような人には安心しない。）
305) <u>对</u>生活有困难的同学，大家<u>应该</u>帮助他们。（生活が困難な学生については、みんなで彼らを助けなければならない。）
306) <u>对</u>什么<u>都要</u>限制一通。『H详』:560（何に対しても一度制限をしなければならない。）
307) <u>对</u>他<u>要</u>继续监视下去。『H详』:258（彼に対しては引き続き監視し続けなければならない。）

これらの例の否定副詞や助動詞は"対"の前にはおけない。次に"从"の例をみよう。

308) <u>从</u>这一点<u>上</u>就<u>可以</u>知道他是什么样的人。（この点から彼がどういう人かがわかる。）
309) 我们<u>应从</u>这一点出发考虑问题。『H详』:80（わたしたちはこの点から出発して問題を考慮しなければならない。）
310) 进行经济建设<u>要从</u>长远利益出发。『H详』:80（経済建設をおこなうには長い目でみた利益から出発しなければならない。）

308)は"从"フレーズが文頭にくるパターンである。文頭にくる場合は、"从"の目的語に"上"や"里"の場所をあらわす接尾辞がついて、"框式介詞"を形成し、独立成分になる。それによって、"从"の前にあらゆる成分をつけることを許さなくなるわけである。あとの2つは文中にくる例だが、文中にくる場合は前置詞フレーズより前に修飾成分がくる。

同様の状況は、以下の"在"の例でもみられる。311)と312)は、文頭にくる例で、修飾成分はその前におけない。文頭にくる場合は、目的語がより抽象的なもの、または一般論的な発言をする場合になる。313)は文中におかれた例だが、その場合はまだ文頭におかれる例より動詞性はうすれていな

◇ 第5章 ◇

い。それもあって、修飾成分をおくことも可能である。

> 311) <u>在这一点上</u>，我跟他差得非常远。（この点においては、わたしは彼とははるかに劣る。）
> 312) <u>在</u>北京有好几种专门给日本人看的杂志。『美』:45（北京には何種類もの日本人向けの雑誌がある。）
> 313) 他要<u>在</u>这儿守下去。『H 详』:477（彼はここで守り続けなければならない。）

　その他の例もみてみよう。314)、315) は前置詞フレーズが文頭にきた例である。314) の例のように文頭にきて、話題化する例もみられる。"针对" フレーズは文頭におかれ、さらに前置詞フレーズの後ろを "," で区切り、独立成分になっている。315) の "通过" の例も同様である。
　316) の "照" の例は文頭にきた例ではないが、助動詞が文全体に対してかかっている例である。その結果、"照" フレーズは独立成分にはなれない。独立成分になれないのは、後続の述詞フレーズとの関係がより密接であるからである。これは、文頭におかれて "," で切り離せると言うような、前置詞としての次の段階へはすすんでいないと言うことである。

> 314) <u>针对</u>这一问题，王厂长耐心地解答起来。『H 详』:284（この問題については、王工場長は辛抱強くこたえはじめた。）
> 315) <u>通过</u>老张介绍，我认识了他。『白』:1424（張さんの紹介を通じて、わたしは彼と知り合った。）
> 316) 应该<u>照</u>现在的样子接待下去。『H 详』:279（今の状態の通り受け入れ続けなければならない。）

　このグループのうち、"趁"、"趁着"、"乘" は、否定副詞は前置詞フレーズの前後ともにおけるが、助動詞は前置詞フレーズの前にしかおけない。この点で

は、若干動詞性を残しているとも言えよう[73]。たとえば、以下のような例である。

 317）我想趁暑假两个月去北京学汉语。（夏休みの２ヶ月のうちに北京へ中国語を勉強しに行きたい。）

5.2.4　Group4:"打"、"借"、"就"、"随"、"为（原因・目的）"、"沿"、"沿着"、"以"、"由"、"至"、"自"

 Group4 の条件は以下の２つである。
 ①　前置詞フレーズは主語より前におくこともできる。
 ②　修飾成分（否定副詞、助動詞など）は前置詞フレーズの前のみを許す。

 318）别为这事生气。『H 详』:460（こんなことのために怒らないの。）
 319）老常也想给路人提个醒，冰雪天气，最好不要沿着建筑物行走，以免楼顶尚未融化的冰块掉下砸伤路人。[74]（常さんも道行く人に注意したい、凍てつくほどの日は屋根からまだ凍っているツララが落ちてきて怪我しないように、建物にそって歩かないのが一番であると。）

 上の①の条件では、より虚な用法を持ったと言えるが、②の条件は、実の部分は残している。

---

73 実際にインターネット検索では"趁暑假三个月，我想挑战一下自己！（夏休みの３ヶ月のうちにわたしは自分を試したい。）"のような例がみられる。［介词库］では"趁"は独立成分にもなれないので、このような例は例外的な用法であろう。しかし、文頭におく機能は有するので、"趁"自体の機能化がすすめば、おのずとこのような例がでてくるのも不思議ではない。

74 潇相晨报 2008-1-29 <冰雪天别沿着建筑物行〉
  http://www.xxcb.com.cn/show.asp?id=895972 ［2011.10 閲覧］

◇第5章◇

5.2.5　Group5：" 把 "、" 被 "、" 朝 "、" 朝着 "、" 给 "、" 跟（随伴、共同行為の対象）"、" 管 "、" 和（随伴、共同行為の対象）"、" 将 "、" 叫 "、" 尽 jǐn "、" 让 "、" 替 "、" 同（随伴、共同行為の対象）"、" 往 "、" 望 "、" 为（行為の対象）"、" 为（wéi＝被）"、" 向 "、" 向着 "、" 像 "、" 用 "、" 于 "、" 与（随伴、共同行為の対象）"

Group5 の条件は以下の２つである。
① 前置詞フレーズは主語より前にはおけず、第一動詞の位置にしかこない（文型 A のみ許す）。
② 修飾成分（否定副詞、助動詞など）は、前置詞フレーズの前のみを許す。

このグループに入る前置詞は、この分類の中でも一番動詞に近いグループである。前置詞は、連動式で言えば、第一動詞の位置におかれ、なおかつ、修飾成分の位置も前置詞フレーズの前しか許されない。その点でもまさに " 半动半介 " と言えるかもしれない。

まずは、" 跟 " の例をみよう。いずれも否定副詞や助動詞などの修飾成分のある例である。一方的な「怒る」と言う動作であっても、双方向的な「付き合い」、「対話」であっても前置詞フレーズより前に修飾成分がきている[75]。それは、後続の動詞フレーズとのつながりを求めるからである。つまり、前置詞に動詞性を残しているからである。

320)　你别跟她生气。『H 详』:460（彼女に怒ってはいけない。）
321)　他没跟这种人交际过。『H 详』:272（彼はこのような人と付き合いをしたことがない。）
322)　工人们要跟老板对话。『H 详』:143（労働者たちは主人と話をする。）
323)　你该和我商讨一下。『H 详』:446（あなたはわたしと相談しなければならない。）

次に " 把 " の用例をみよう。" 把 " も後続の動詞フレーズとのつながりが

---

[75] たとえば、" 你多跟他商量。"『H 详』:191（彼とたくさん相談しなさい。）のように " 多 " も前置詞フレーズの前にくることが可能である。

強いため、修飾成分をはさむことができない[76]。なお、「否定副詞は"把"より前にくる」ことは辞書や文法書に明記されている[77]。

324）<u>不把</u>他看作朋友。『H 详』:310（彼を友達としない。）
325）<u>要把</u>里面的含义讲出来。『H 详』:268（内面の含意を話さなければならない。）
326）<u>不能把</u>这两个问题混淆起来。『H 详』:241（この２つの問題を混同してはならない。）
327）老师嘛，就是<u>应该把</u>书教好。『H 详』:355（先生と言うものはね、授業をしっかりやらないといけないんですよ。）

以下は、"为"、"替"の例である[78]。"为"や"替"も後続の動詞フレーズとのつながりがより強いため、修飾成分は前置詞フレーズの前しかおけない。

328）<u>不为</u>别人着想。『H 详』:696（他人のために考えてはならない[79]。）
329）律师<u>还想为</u>他辩护下去。『H 详』:35（弁護士はまだ彼のために弁護し続けたいと思っている。）
330）我们<u>应多替</u>国家设想。『H 详』:453（わたしたちは国家のためにたくさん考えなくてはならない。）

このグループは、文型Ａのかたちを維持しつつ、前置詞自体の虚化の度

76　呂淑湘 1979:88 では"把""被""由"を介詞の中でも特殊なものとし、「介詞が導く主体と客体とはどれもぴたりとついていて、語義が一貫していて、修飾機能を果たしているだけの状況語とは言いにくい」と指摘している。

77　たとえば、白水社『中国語辞典』:23 にも、「否定副詞や助動詞は一般に'把'の前に用いる」と明記されている。ただ、王还 1984:33-34 に「例外として否定副詞を持つ熟語については後ろにくる場合がある（筆者訳）」との指摘がある。

78　同類のものに"帮"がある。"帮"もこの位置に多く用い、かつ本来の「助ける」より「代わりに」と言うニュアンスが強い。したがって、前置詞として、この類に入れてもいいだろう。本書ではここでの補足のみとしておく。例)"别忘了明天帮我把书买来，啊！"『H 详』:1（わたしのために明日本を買ってくるのを忘れないでよ！）

79　『HSK词语用法详解』:696 の"着想"には"否定词"不,没"只能放在"为,替"前"とある。"着想"自体は自動詞で後ろに目的語は取れない。また、小学館『中日辞典』第２版にも同様の記述がある。

◇ 第5章 ◇

合いはいわゆる"半动半介"の場合もある。

　前置詞が文型Aの位置で用いられていても、本来の動詞の意味を残していれば、動詞性を維持している"半动半介"な前置詞と言える。そして、動詞としての本来の意味がすでにうすれていればそれは前置詞と言ってもいいだろう[80]。

　また、文型Aから飛び出して文頭にくる機能まであればそれは"完全介詞化了的"、つまり、「完全に前置詞化した前置詞」と考えてもいいだろう。

　どこからが前置詞かと言う問題と常に向き合うことになるが、現時点では大きな枠でのルールが存在したとしても、前置詞と言うカテゴリーにいれられた一つ一つのものは、やはりバラエティに富んでいるとしか言いようがない。

5.3　文頭にくる前置詞フレーズについて

　ここでは、文頭にくる前置詞について、改めてみてみたい。

　前置詞は、連動式の第一動詞の位置にあらわれる動詞がその場所に固定して使われるようになり、その過程で実質的な意味を失い、「半実半虚」の状態を経て、その地位を確立した。

　したがって、典型的な前置詞構文には主体の存在、後続の動詞句が不可欠であり、典型的な前置詞構文として文型A（$NP_1 + P + NP_2 + VP + (NP_3)$。）を筆者は提示した。

　しかし、実際には5.2からみてきたように、次のような、文頭にくる前置詞フレーズにも遭遇する。

　　331）<u>在</u>北京，人人几乎都有自己的自行车。（北京ではほぼみんなが自分の自転車を持っている。）

---

[80] Li and Thompson1981,9.1.2でも、すでに動詞としての用法を持たず前置詞用法しか持たないもの、前置詞と動詞用法を持っていてもすでに意味のつながりがないもの、前置詞用法と動詞用法を持ち、意味的な変化がないものにわけている。

332）对生活有困难的同学，大家应该帮助他们。（生活が困難な学生に対して、みなが彼らを助けるべきである。）

この2つの例文は、文型Aへのおきかえができない。これら前置詞フレーズは文頭にあり、典型的な前置詞構文の枠から逸脱した用法ではある。しかし、これだけでは文として存在できるわけではなく、後続の動詞フレーズが必要である点から言えば前置詞としての機能をまだ失ってはいない。また、先述のとおり、全ての前置詞が文頭にくるわけではない。

以下、文頭にくる前置詞フレーズに関する先行研究、形成過程、文法的機能の異なり、ニュアンスの相違を順にみていこう。

5.3.1　文頭にくる前置詞フレーズに関する先行研究

まず、文頭にくる前置詞フレーズにふれた先行研究を概観したい。

前置詞フレーズの位置について、文頭（文型B）、典型的な文型Aの位置、動詞の後ろ（文型C）と分類し、検討したものに范継淹1982、陈昌来2002がある。

范1982は、"在"をA、B、Cの3つに分類した。前置詞フレーズが文頭にくるAと本書の文型Aの位置であるBの違いについて、Aの場合は文全体にかかる状況語で、後続文の事件の起こる場所、Bの場合は後続の動詞フレーズの状況語で、動作のおこなわれる場所またはその状態があらわれる場所をそれぞれ説明するとある。

陈昌来2002も前置詞フレーズの位置によって分類を試みたものだが、いずれもどの前置詞がどの形式を許容するか、文頭にはどんな前置詞フレーズがくるかの指摘はあるが、なぜ文頭を許容するようになったのかなどについては述べていない。

また、文頭にくる前置詞フレーズについて検討したものに、金昌吉1996、张谊生2000があるが、ここでは金昌吉1996をベースにまとめた张谊生2000の方を紹介したい。张谊生2000は、前置詞がとる格によって、

① 主体格　"被""叫""教""让""给1""为""由""于"等
② 客体格　"把""将""管""拿"等
③ 邻体格　"和""跟""与""同""以""用""拿""给2""替""对""比""冲""朝"等
④ 时处格　A 始源格　"自""从""打""由2""自从""打从""自打""从打"等
　　　　　B 经由格　"自""从""打""由2""自从""打从""自打""打""沿着)""顺(着)""通过""经过"等
　　　　　C 位置格　"在""于""当""趁""乘""距""离""距离"等
　　　　　D 目的格　"往""向""朝""照"等
⑤ 根由格　"据""依""以2""为2""因""因为""由于""按""照""按照""依照""依据""根据""本着"等
⑥ 关涉格　"关于""至于""对于""对2""就""论""拿2"

の6つにわけ、さらにこれらを「述語動詞との密接度、表層構造上の文法表現、とりわけ、当該前置詞フレーズの有無によって、文が成り立つかの度合い」によって、これらを第1級から第3級の3つにわけた。

第1級　①主体格、②客体格の"被"、"把"
第2級　③邻体格と④时处格のA始源格、B经由格、D目的格
第3級　④时处格のC位置格、⑤根由格、⑥关涉格

この中で、第3級が、文頭にくる前置詞フレーズにかかわる。张谊生2000:131 第3級の特徴としては、(以下、筆者訳)

a. 大部分が自由に文頭の修飾語になれる
b. 一部の前置詞フレーズは更にその後ろに他の動詞をつけられる
c. 同じあるいは異なる前置詞フレーズを連続して使える
d. 前置詞フレーズを削除した後、文の中心となる構造に対する影響はきわめて少ない

a. は文頭に前置詞フレーズがおけると言うことである。b. は文頭にくる"据〜称"、"依〜看"、"按照〜来看"、"対〜来说" などの "框式介詞" のことである。c. は文頭にくる前置詞フレーズが連続してでてくることを指している。d. は主たる文とのかかわりがうすく、すでに独立した成分となっていると言うことである。

　しかし、この第3級に属する前置詞と先の 5.2 でみた文頭にもおけると言う分類ででてきた前置詞をみるとメンバーが若干異なる。先の 5.2 で前置詞フレーズが文頭にくるとしたのは、Group 1 〜 Group4 である。第3級を 5.2 の Group に重ねると Group 1 〜 Group4 にまたがって出てきていて網羅する Group は一致しているが、张谊生 2000 で抽出している前置詞は数が少なく、もれがみられる。たとえば、"除了"、"通过"、"根据" などは前置詞に入れていないのかでてこない。

　つまり、格だけの分類では、文頭にくる前置詞フレーズを網羅しきれないのである。また、"从〜(的角度)来看" のような "框式介詞" もひろいきれていない。ただ、上であげた、a〜d の条件は文頭に持ってこられる前置詞フレーズの条件であることは間違いない。

　また、金昌吉 1996 及び张谊生 2000 は前置詞フレーズが文頭にくること、文型Aとの変換についてはふれていても、位置による意味の違い、文頭だけを許容する場合とその理由についてはふれていない。

　5.5 で金昌吉 1996 及び张谊生 2000 の分類や 5.2 の分類、そして前置詞の文中での文法的機能、前置詞の動詞性の痕跡の度合いなどをふまえて、前置詞の分類をまとめたい。

　なお、金昌吉 1996 及び张谊生 2000 では前置詞フレーズが連続する場合、3級＞2級＞1級の順になることも指摘している。これについては、5.4 以降で検討する。

　以下では、前置詞フレーズが文頭にくる過程について具体的に考えてみたい。

◇ 第 5 章 ◇

5.3.2　前置詞フレーズが典型的な文型（文型 A）から文頭にくる過程

　前置詞は、動詞から前置詞へと向かう過程の中で、動詞的機能を徐々に失うのと同時に前置詞的機能を獲得していく。そして、その過程の痕跡として、様々な段階が存在し、前置詞的機能の中でも分化が生じている。
　以下、場所や時間、対象を引き出す前置詞"対（于）"、"从"、"到"、"在"を例に、前置詞フレーズが文頭にくる機能を持つまでをみてみたい。

5.3.2.1　ケース 1　"対（于）"
　2.1 で"対"構文の動詞的用法から前置詞的用法までを L1 ～ L5 にレベルを分類した。今一度、例文とともに確認する。

　　333）　我的房間対着正面，在左側。（わたしの部屋は正面に面し、左側にある。）L1

　　334）　枪口対着敌人。（銃口は敵に向いている。）L1

　　335）　我们対着玛利亚像祈祷。（わたしたちはマリア像に向かって祈る。）L2

　　336）　我対小张点了点头，没说什么。（わたしは張くんに向かってうなずき、何も言わなかった。）L3

　　337）　很多人対他说我的坏话。（多くの人が彼にわたしの悪口を言う。）L3

　　338）　大家対这件事情都不愿意谈自己的看法。（みながこのことについて自分の考えを言いたがらない。）L4

　　339）　他対于语法现象研究得不够。（彼は文法現象についての研究が足りない。）L4

　　340）　対于这个问题，我们还要深入研究。（この問題については、わたしたちはさらに研究を進めていかなければならない。）L5

　　341）　対生活有困难的同学，大家应该帮助他们。（生活が困難な学生に対して、わたしたちは彼らを助けなければならない。）L5

　　342）　対国际形势，大家都谈了自己的看法。（国際情勢について、みな

が自分の考えについて話し合った。）L5

　333)、334)は対面関係をあらわす動詞用法、335)は対面関係での対象へ行為をあらわす動詞用法。336)、337)になると動詞か前置詞か判定がゆれるものだが、いずれにせよ前置詞フレーズが文頭にこられないもので、同一空間におけるヒトへの行為をあらわしている。

　338)～342)はかたちの上での異なりで、それぞれ"対"と"対于"になっているが、これらは相互におきかえが可能である。かつ、いずれも目的語にコト的なものをとる。

　L4とL5の違いは、文型A (L4) のかたちをとるか文頭にくる文型B (L5) のかたちをとるかの違いで、これらの文は前置詞フレーズを文頭におくことは可能である。

　この場合、前置詞フレーズが文頭にくると同時に後続の文も助動詞や状態補語を用いて、より描写的なものになる。[81] 文頭にくることは、話題化にもなるが、341)、342)のように、前置詞フレーズが後続文成立のために文頭にしかこられないものもある。その場合、文頭にくる＝話題化とは言いがたい。

　このように、"対"はL1～L5の過程の中で、目的語が具体的なモノやヒトから抽象的なコトへと変化している。同時に"対"は動詞的意味あいがうすれるにつれ、述語動詞とのつながりが弱くなり、前置詞フレーズの文頭への移動が可能になると考えられる。

　ここで改めて、前置詞フレーズの位置に注目し、前置詞がつくる文型をあらわしてみると次のようになる。

　　イ）$NP_1+PP+VP+(NP_2)$ 文型Aのみを許容する
　　ロ）$NP_1+PP+VP+(NP_2) \Leftrightarrow PP+NP_1+VP+(NP_2)$ 文型Aも文型Bも可能
　　ハ）$PP+NP_1+VP+(NP_2)$ 文型Bのみを許容する
　　ニ）$PP_1+PP_X+……NP_1+VP+(NP_2)$ 前置詞フレーズが文頭にきて、なおかつ複数おくことが可能なもの

---

[81]　中西2005bでは、本来目的語をとれる動詞が前置詞を用い目的語を前に出す場合、後続文は助動詞や状態補語など、何らかの状況語や補語をともなうことを指摘した。本書2.1.3.2、3.5を参照。

◇ 第5章 ◇

　これらは現代中国語の前置詞がつくることが可能な文型である。たとえば、"把"や"被"はイ）の用法しかない。"对"は、このうちのイ）からニ）の用法をすべて持つ。ロ）は、文型Aも文頭におくことも可能だが、語用論的な相違がある。また、"对"構文で、もう一つ忘れていけないのが、"对（于）〜来说／讲"である。

　　　343）　对她来说，重新开始更为重要。（彼女にとって、もう一度やり直すことがより重要である。）

　このような"框式介词"は、ニ）に属し、文頭にきて、前置詞フレーズを列挙することも可能になる。[82]　これは前置詞フレーズの中でも最も進化したものと言える。他の前置詞についても以下にみていこう。

5.3.2.2　ケース2 "从"

　"从"は従属の意味の動詞「付き従う」から虚化したものだが、"对"とは異なり、現代中国語においては動詞用法を持たない。"从"を含む文には以下のような文型的特徴がある。

　　　344）　我今天从他那儿回来。（今日は彼のところから戻る。）＊从他那儿我今天回来。…①
　　　345）　从这儿可以看到富士山。（ここから富士山がみえる。）　…①
　　　346）　精彩未来从现在开始。（素晴らしい未来は今からはじまる。）
　　　　　…②
　　　347）　我从昨天晚上八点一直睡到今天的六点。（わたしは昨晩8時から今日の6時までずっと寝ていた。）…②
　　　348）　我从朋友那儿学到了如何使用这个软件。（わたしは友達からこのソフトをどうやって使うのかを学び取った。）…③
　　　349）　我每个月从他那儿买各类杂志。（わたしは毎月彼のところから各

82　张谊生 2000:131,L15 でも連続して使用できる前置詞フレーズについての指摘がある。

種雑誌を買う。)…③

350) <u>从</u>说话的声音，我就知道电话是妈妈打来的。(話し声でわたしは電話が母からであることがわかった。)…③

351) <u>从</u>这一点，我们看出北京发生了很大的变化。(この点からわたしは北京に大きな変化がおきたことがわかった。)…③

　まず、①目的語に空間の起点、通過点をとる場合は、イ)にあたり、通常344)のような述語動詞に移動動詞がくるものが多い。345)は目的語が場所だが後ろには視覚動詞がきており、ロ)に属する。視覚動詞になると、述語動詞の前に助動詞が入る例もでてくる。
　②は目的語に時間の起点をとったものである。これらは、以下でみる④の"框式介词"になると、後続の述詞フレーズとの密接度がうすれ、文頭にきて時間や場所の起点や範囲を指定する機能を持つ。
　352)は対比のコンテクストがなければ、文頭にはおけず、通常は後者を用いる。353)の前置詞フレーズは文型Aの位置にもくるが、文頭におかれるパターンとは語用論的な相違がある。
　③では前置詞が典型的用法(文型A)からずれはじめ、目的語には抽象的なものが、述語動詞には知覚動詞、知識・情報・モノを獲得する動詞がきて、目的語による何らかの判明、また、知識やモノの獲得をしめし、ロ)やハ)の用法を許す。350)は"说话的声音"を受けた後続文があることから文頭にくるほうがより自然である。
　以下の例文は、"框式介词"を形成する文で、目的語には場所、時間、抽象的なものまでくる。これらはニ)の用法も持つ。"从"の場合もまた目的語の抽象化と前置詞自身の典型的用法からの逸脱をきっかけに文頭にくる機能を獲得している。

352) <u>从十点到十二点</u>，我们上汉语课。(10時から12時まで、わたしたちは中国語の授業を受ける。)⇔我们<u>从十点到十二点</u>上汉语课。(わたしたちは10時から12時まで中国語の授業を受ける。)…④

353) <u>从他的话里</u>，我听出来他很愿意去。(彼の話から、わたしは彼が

とても行きたいのだとわかった。）…④

354) <u>从</u>刚才大家的讨论<u>中</u>，我们得到了很大的教训。（さっきのみんなの議論の中から、わたしは大きな教訓を得た。）…④

355) <u>从</u>世界范围<u>看</u>，德国在配价语法研究上是最有成就的。（世界規模でみると、ドイツが配価文法研究において、もっとも成果をあげた。）…④

356) <u>从</u>历史学的角度<u>来看</u>，<u>从</u>经济学的角度<u>来讲</u>，这个问题看来很复杂。（歴史学的な角度からみても、経済学的な角度から述べても、この問題はとても複雑である。）…④

5.3.2.3　ケース3 "到"

"到"は動詞「～につく」から発展したものだが、"到"がとる目的語によって、以下のように分類した。

357) 我<u>到</u>中国留学。（わたしは中国へ留学する）＊<u>到</u>中国我留学。…①

358) 我<u>到</u>七点半才醒。（わたしは7時半になってやっと起きた。）⇔<u>到</u>七点半我才醒。（7時半になってわたしはやっと起きた。）…②

359) <u>到</u>最后我也想通了。（最後になってわたしもやっと納得いった。）⇔我<u>到</u>最后也想通了。（わたしも最後になってやっと納得いった。）…②

360) <u>到</u>今天我都非常庆幸，我遇到了一个好人。（今日になってわたしは幸せを感じた、わたしは一人のいい人に出会った。）⇔我<u>到</u>今天都非常庆幸，我遇到了一个好人。（わたしは今日になって、幸せを感じた、わたしは一人のいい人に出会った。）…②

まず、①は目的語に場所をとるもので、これは動詞か前置詞かと言う議論があるが、このような動作の到達点をしめすものは文型Aのみを許容する。そして、②目的語に時間をあらわす名詞フレーズがきて、動作行為の到達時

間をしめすものは、文頭にくることもできるが、文型Aとは語用論的な相違がみられる。

また、"到"は"框式介词"としての用法もなく、ニ）の用法も持たない。これは"到"が後続の述語動詞とのかかわりが強く、まだ動詞性を強く残していることを物語っている。

5.3.2.4　ケース4 "在"

"在"も目的語によって、以下のように分類した。

361）　我在图书馆看书。（わたしは図書館で本を読む。）＊在图书馆我看书。…①
362）　我们在北京可以吃到正宗的烤鸭。（わたしたちは北京で本場の北京ダックを食べられる。）⇔在北京，我们可以吃到正宗的烤鸭。（北京では、わたしたちは本場の北京ダックを食べられる。）…①
363）　在北京，人人几乎都有自己的自行车。（北京ではほぼみんなが自分の自転車を持っている。）…①
364）　我在早上四点五十分就起床了。（わたしは朝4時50分には起きた。）…②
365）　他在夜里突然醒来了。（わたしは夜中に突然目を覚ました。）…②

まず、①動作をおこなう場所、②動作をおこなう時間をあらわす例には、イ）からロ）への変遷がみられる。361）のような典型的用法はイ）に属する。362）はロ）に属し、主体の動作をおこなう場所か、一般論的な範囲かと言う点で"在北京"の意味が異なり、前置詞フレーズが文頭にくるものと文型Aでは、語用論的な相違がある。363）は主体が"人人"で、一般論的なことを述べているので、文頭だけを許容する。364）、365）の時間の場合でも同様で、前置詞フレーズが文頭にくる文型Bと典型的な文型Aの位置では語用論的な相違がある。

そして、以下のように、③"框式介词"を形成すると、文頭への移動を許容し、時間、場所、思考の条件・範囲を提示する。また、抽象的な名詞フレー

◇ 第5章 ◇

ズも目的語にとることができ、ハ）とニ）の用法を持つ。

366）　在新的一年里，祝你生活愉快、身体健康！（新しい一年が楽しく、健康でありますように。）…③
367）　在困难的情况下，我从来没有放弃过希望。（困難な状況の下で、わたしは今まで一度も希望を捨てたことがない。）…③
368）　在那个明月当空的夜晚，在那条蜿蜒的小溪的旁边，当远处的钟声响起来的时候，他情不自禁地吟诵起拜伦、雪莱等人的抒情诗。（张2000より引用）（あの明るい月がかかった夜に、あの曲がりくねった小川のほとりで、遠くから鐘の音が鳴ったときに彼は思わずバイロンやシェリーの抒情詩を詠唱しだした。）

以上、4つの前置詞を通して、前置詞フレーズが典型的な文型Ａの位置から文頭にくる契機とその過程をみてきた。

前置詞は、目的語が具体的なものから抽象的なものへ移行することをきっかけに前置詞自体が文型Ａの典型的構文から離れはじめ、述詞フレーズとのかかわりがうすれていく。このことは、前置詞と述詞フレーズの間に副詞や助動詞などの他の状況語成分が入ることを許すことからもわかる。

その結果、前置詞フレーズが文頭にくることを許し、文頭のみを許容するものもでてくる。文頭にくる前置詞フレーズは、場所や時間、状況、条件の範囲を提示する機能を持った。

以下では、上記以外のものも含めて、文頭にくる前置詞フレーズについて、まとめたい。

5.3.3　前置詞フレーズが文頭にくることが可能な前置詞

ここでは、前置詞フレーズが文頭にくることが可能な前置詞を総括したい。金昌吉1996及び张谊生2000でふれてない前置詞も含め、改めて、文頭に前置詞フレーズをおく前置詞についてみていく。

ⅰ）時間、場所、対象を引き出す前置詞 "对"、"从"、"到"、"在" 5.3.2 参照
ⅱ）依拠、条件、原因、目的を引き出す前置詞 "按照（照着）"類、"随着"、"作为"、"除了"、"为了"、"通过"……

　これらは、後続文を成立させるための一条件として、前置詞フレーズが文頭にくる。文頭にくる場合は、いずれも前提条件を提示している。そうでない場合は文型Aを許容する。
　しかし、インフォマントの語感では、文頭のほうがしっくりくるようだ。372)、373)は、文頭だけを許容する例である。これらは、主体との関係もうすい。そして、374)のように前置詞フレーズを列挙する場合も文頭にくる。
　特に"随着"や"在"のような文頭にきて、独立した成分となり、前提としての提示ができるものは、"框式介词"と同じ機能を有している。

　　369) 按照现在的速度，这个工作需要一年才能完成。（今のスピードに基づけば、この仕事は一年あれば完成にこぎつける。）
　　370) 通过自学，她获得了本科文凭。（独学で彼女は大学の本科の学位を取得した。）
　　371) 作为学生，我们首先要把学习搞好。（学生として、わたしたちはまず勉学をしっかりやらなくてはならない。）
　　372) 根据天气预报，明天会下雨。（天気予報によれば、明日は雨が降る。）
　　373) 随着形势发展，我们的任务更重了。（形勢の発展につれて、我々の任務も重くなった。）
　　374) 随着革命的胜利，随着形势的好转，随着岁月的流逝，老区人民的生活也发生了翻天覆地的变化。（张谊生 2000 より引用）（革命の勝利、形勢の好転、歳月の流れにつれて、古くからのコミュニティの人々の生活も非常に大きな変化が生じている。）

ⅲ）かかわりの対象、施しの対象を引き出す前置詞 "关于"、"至于"、"对（于）"、"连同"……

◇第5章◇

"对(于)"については5.3.2でみたとおりで、L4、L5がこの組に属する。"关于、至于"は前置詞の中でも最も特殊であり、ハ)の用法しかない。"关于"は後続文が不要な、独立した用法までも存在する。

375) 至于其他的问题，我们应该重新考虑。(その他の問題については、わたしたちはあらためて考えなくてはならない。)
376) 关于这个问题，我们下次一起讨论吧。(この問題については、わたしたちは次回一緒に議論しましょう。)

ⅳ) 框式介词"从～上／中／里／方面"，"从～到～"，"从～起／开始／以后／以来"，"对／拿～来说"，"从／在～来看"……

"框式介词"は一つのイディオムをなして文頭にくる。これらが文頭にくると、文全体にかかり、前置詞フレーズの独立性も強くなる。しかし、後続文が不要となったわけではない。ここでの前置詞フレーズも視点、角度、範囲など、後続文を説明するための一つの範囲を提示している。

ところで、陈2002:227は、文頭にくる前置詞に対して、"话题标记功能"があるとしている。もちろん前置詞フレーズが文頭にきて話題化すると言える場合もあるが、上でみたように文頭しか許容しない場合があり、これらすべてを同様に扱っていいかは難しい。

5.3.4　文頭における前置詞フレーズ　まとめ

ここまで検討してきたことは、以下の3点にまとめられる。

1．文頭にくる前置詞は限定されている。これらは典型的な文型Aからは逸脱しており、文頭にくる機能を持つと、後続の述語動詞との関係がうすれ、文全体にかかり、条件や話題の範囲指定をし、述べる範囲を明確にすると言う機能を持つ。
2．5.3.2でみたように、前置詞は典型的用法から離れることが文頭にくる

契機となる。前置詞の目的語も具体的なものから抽象的なものにシフトしている。
3．典型的な文型Aの場合は、まだ後続の述語動詞とのかかわりが強いために、前置詞フレーズは文頭におけない。大半の前置詞は、この条件に当てはまる。つまり、文頭にくる機能を獲得する前置詞は、目的語も具象的なものから抽象的なものへ変化することで、文型Aから文頭におくようになり、より独立した前置詞へと進化したと考えられる。

金昌吉1996及び张谊生2000は、前置詞フレーズが連続する場合、述語動詞との密接度によって3級＞2級＞1級の順になるとしている。これは、前置詞自体の実・虚の程度とかかわっており、実に近いと述語動詞に密接してあらわれ、虚に近いと述語動詞との関係を切って文頭にでてくる。

また、张谊生2000では、この上の順序ででてこない場合も指摘している。张2000で指摘していることも含めて、次節で前置詞フレーズが連続する場合について、検証していこう。

5.4　前置詞フレーズが2つならぶとき

以下、前置詞フレーズが2つならぶときについてみていく。
検討をすすめるにあたって、先に张谊生2000:132-134で述べる、前置詞フレーズが連続する場合の格のレベルからみた順序についての分析について、概観したい。

金昌吉1996及び张谊生2000では、先にも述べたように、前置詞フレーズが連続する場合、述語動詞との密接度によって3級＞2級＞1級の順になるとしている。

たとえば、以下のような例をもって証明している。(前置詞のあとの数字はレベル)

377)　在[3]这静悄悄的夜里,在[3]热烘烘的火炉旁,在[3]洞穴一半的小屋中,我与[2]他只见的隔膜,被[1]他的抚慰和关切之情融化了。(张谊生2000よ

◇第 5 章◇

り引用）（静かな夜に、あったかい暖炉のそばで、洞穴のような小さな部屋で、わたしと彼がみた隔たりは彼のなぐさめと親切の気持ちによって溶かされた。）

378) 按照³考试规定，在³正式开车之前允许对²车身进行调试。（张谊生 2000 より引用）（試験の規定に基づいて、正式に運転する前に車体に対して調整することを許した。）

また、张谊生 2000 では、378) を例にあげて、同じレベルの前置詞フレーズが出てくる場合、関連格は位置格よりも前にでてくると指摘している。しかし、

379) <u>在北京</u><u>按照国家相关规定</u>使用节能建材建筑的楼盘，并通过国家验收，节能达标。[83]（北京では国家の関連規定に基づいて、省エネ建材を用いて建築した建築物は国家検査を経て引き取り、省エネ基準に達したことにする。）

のように、位置格が先にくる例もある。このようにすべての場合において、このルールが適用できるかどうかは難しい。第一、张谊生 2000 は、378) の例は時間がきている例であり、"在"でも場所がくる場合と時間がくる場合の違いについては言及がない。

また、378) と 379) の例文でもわかるように、文が","で区切れているかどうかでも違ってくる。","で区切られていれば、少なくとも後続の文との関係は一端切れていると考えられ、連続する前置詞フレーズのルールとしては別のものと考える必要がでてくる。

このように、张谊生 2000 の分類に基づいて検証するだけでは不十分である。张谊生 2000 はあくまで前置詞の格関係に基づいて検証を試みたものであり、張氏自身、後続の動詞フレーズにはあまり関心がない。

しかし、本書で一貫して主張しているように、前置詞構文は、後続の動詞

---

[83] 中国建材网 http://www.bmlink.com/meeting/detail17682.html(2015.5. アクセス)

との関係を離れて議論することができない。

　話をもとに戻したい。本節で取り扱う連続する前置詞フレーズは、前置詞フレーズが緊密にならぶ場合のみを扱う。377）のような文頭にくる前置詞フレーズの連続や、連続する前置詞フレーズの間に何らかの修飾成分が挿入されたもの、また連続する前置詞フレーズの間を一端"，"で区切るものはここでは扱わない。

　まず、ここで取り扱う連続する前置詞フレーズの構文とは、以下のようなものである。

　　380）　地球<u>由</u>东<u>向</u>西运行。『H 详』:640（地球は東から西へ動いている。）
　　381）　他<u>在</u>公园<u>跟</u>朋友约会。『H 详』:637（公園で友達と会う約束をしている。）
　　382）　<u>用</u>烟<u>把</u>他<u>从</u>洞里薰出来。『H 详』:589（煙で彼を洞穴から燻りだす。）

　382）のように３つの前置詞フレーズが連続するものまである。この文型を記号であらわすと以下のようになる。

　前置詞フレーズ連続の構文：(NP) ＋ PP_1 ＋ PP_2……＋ VP。

　例文からおのずとみえてくるが、5.2 で述べたうち、前置詞フレーズの連続が可能なものは、Group3 から Group5 に限られる。
　また、Group3 でも、文頭にくるパターンはこの前置詞フレーズの連続に該当しない。つまり、後続とのつながりを断って、主語より前にでるような、より虚な機能で用いる前置詞では前置詞フレーズの連続はできなくなる。このような理由により、前置詞フレーズ連続が可能な前置詞は限られてくる。
　連続する前置詞フレーズと言う場合、通常、PP_1 と PP_2 の間に動作的なつながりを求め、さらに後ろの動詞フレーズにもつながりを求める。前置詞自体、動詞性がうすれているとは言え、動作主または前置詞の目的語の動きにとって、前置詞フレーズが必要不可欠な要素となっているわけである。
　以下、前置詞フレーズが連続する場合を PP_1 と PP_2 の入れ替えが不可能

な場合（5.4.1）と PP_1 と PP_2 の入れ替えが可能な場合（5.4.2）の２つにわけて述べる。

5.4.1　PP_1 と PP_2 の入れ替えが不可能な場合

前置詞をならべて用いる場合、PP_1 と PP_2 が、つまり、前置詞フレーズの位置が固定される場合と順序が話者の意図によって、前後できる場合がある。

ここでは固定され、前後の入れ替えができないパターンについて、どのようなものがあるか、どんな特徴があるかについてみてみたい。

以下の383) ～ 385) の例は、目的語を場所にとって、起点と着点をあらわすものである。これは時間軸の流れに従うもので、前置詞フレーズの位置は固定されたままで PP_1 と PP_2 の入れ替えはできない。

383)　地球由东向西运行。『H 详』:640（地球は東から西へ動いている。）
384)　从楼上往下撒起传单来。『H 详』:440（上階から下にビラをまいた。）
385)　从学校南门往前走，有一个大商店。『キ』:32（学校の南門から前進すると、大きな商店がある。）

これらの例は、いわゆる「〜から〜まで（へ）」にあたるものである。このような用法は比較的決まった型の中で用いられる。それぞれ、"由〜向〜"、"从〜往〜"と言う型でとらえるほうがわかりやすい。また、以下の例もそうである。

386)　从早上到晚上都在图书馆。（朝から晩までずっと図書館にいる。）

"从〜到〜"も前置詞の連続するパターンと考えてもいいだろう。ここでは、"从〜到〜"がセットになって、主語より前にもくることができる。これは、この枠でもって、始点から終点までの範囲指定をすると言う機能を獲得した"框式介词"と考えていい。"框式介词"になると、文頭にきて、後文とのかかわりを切ることができるようになる。その理由にこの文に"我"を"框式

介词"の前、文頭におくこともできるが、"都"の前にもおくことができる。"到"は、動詞であると言う考えもある。先の［介词库］にも"到"は入っていない。しかし、以下の例の"到"はすでに動詞の意味もうすれ、時間軸での終点をしめすマーカーとして存在すると判断できるのでやはり前置詞と考えられる。次の例も参照されたい。

387) 到这时他才算放松下来。『H详』:163（このとき、彼はやっとリラックスした。）

388) 到半夜雨越发急起来。『H详』:248（夜中になって、雨が急に激しくなりだした。）

これらの"到"はそれだけで述語にならないので、前置詞と考えられる。ちなみに、"从〜到〜"は"从开始到现在（はじめから今まで：歌のタイトル）"やすでに語にもなっているが"从头到尾"のように四字格となって単独の用法まである。

次にみるのは、PP_1 が PP_2 以下の動作の前提条件となり、この語順しか許されないパターンである。

389) 校长在全体会把问题都检讨了。『H详』:261（校長は全体会で問題をすべて追及した。）

390) 妹妹自己在床上把衣服折腾丢了。(妹はベッドの上で寝返りをうって服をすべて落とした。)

391) 他在公园跟朋友约会。『H详』:637（公園で友達と会う約束をしている。）

これらは「場所で〜する」のパターンである。この中の"在"フレーズを文頭におくことはできない。なぜなら、ある場所での状況や実態を述べる文ではなく、実際にその場所に主体が存在しなければならないからである。主体の動作としてその場所の存在は欠くことができないし、そのあとの動作もその場所でおこなわれる。したがって、この"在"フレーズはいずれもこの

◇ 第5章 ◇

位置以外は考えられない。ここでの"在"はまだ動詞性を残していると考えてもいいだろう。

　以下の例は、"用"を用いた例である。動作を成就するには時間の流れにしたがい、この順番でなければ成立しないパターンである。

　　392）　<u>用</u>探照灯向四周照射起来。『H 详』:658（サーチライトで四方を照らした。）
　　393）　<u>用</u>红笔把错字勾出来了。（赤ペンで誤字をチェックした。）
　　394）　<u>用</u>各种方法把会场气氛活跃起来。『H 详』:242（いろんな方法で会場の雰囲気をもりあげる。）

　392）、393）は、実際に手を使って用いる「モノ」である「サーチライト」、「赤ペン」が"用"の目的語にきている。しかし、そのあとに更にPP_2が続いているので、この"用"を動詞と認めるのは難しい。

　393）の例は、インフォマントによれば、「赤で直した」と言う動作の描写にすぎず、教師が生徒に「赤で直しなさい」と命令する場合はこの語順ではなりたたないと言う。命令の場合は、

　　395）　把错字<u>用</u>红笔勾出来。（誤字を赤ペンでチェックしなさい。）

となり、"把"フレーズが前にくる。これはおきかえができるとは言え、自由におきかえられると言うよりは語用論的な違いが生じている。

　また、394）は、"把"の目的語がすでに抽象的なものになっている例で、おきかえは不可能である。手に持てる実体のあるものを使う場合と手には持てない実体のない場合では若干の違いを感じる。

　次の2つも時間軸の順番で前置詞フレーズがならぶ例である。"把"以降はここでの前置詞"替"や"帮"の目的語"我"になりかわっておこなう動作をあらわしている。"帮"は帮助する意味はなく、「わたしのために、わたしのかわりに」のニュアンスで用いられている。動作主は"我"になりかわっておこなうことが前提になるので、時間軸上ではPP_1が前提条件として必

要である。
　また、後続の動詞との関係も"把"フレーズとの関係のほうがより密接である。したがって、この語順を動かすことはできない。

396) 姑且你先替我把钱交了。『H详』:199（ひとまずわたしのかわりにお金を払って。）
397) 别忘了明天替我把书买来，啊！『H详』:1（明日わたしのかわりに本を買ってくるのを忘れないでよ！）

以上、PP_1 と PP_2 の入れ替えができないパターンについてみてきた。PP_1 と PP_2 がセットとなって、範囲指定するかたちや PP_1 と PP_2 の間に時間軸上の順序が存在するがために入れ替えできない場合をみてきた。前置詞がならぶ場合でも、ちょうど動詞で言う連動式のような状況がみられる。また、この場合、PP_1、PP_2 ともに動詞性があまりうすれていないことがわかる。

5.4.2　PP_1 と PP_2 の入れ替えの可能性がある場合

　以下では、PP_1 と PP_2 の入れ替えの可能性がある場合についてみる。
　5.4.1 は入れ替えが全くきかないもの、入れ替えしたとしても語用論的な違いがあるものであった。ここで「可能性がある」としているのは、決して入れ替え可能と簡単に言えるものではなく、語用論的な、発話者の重きをおく点によって、前後が決まると言うことである。
　まず、PP_1 と PP_2 が入れ替わる例をみる。

398)　a. 把书从书架上拿过来。（本を本棚からとってください。）
　　　 b. 从书架上把书拿过来。（本棚から本をとってください。）

このa、bのいずれも文として許容される。ただ、どちらが強調したい点かの異なりがある。つまり、問題にしたい事項、問題にしたい前置詞フレーズがどちらに重きをおいているかが鍵となると言うことである。

この問題を考える前に、他の例で検証して、またこの例文に戻ってくることにする。

まずは、"向"と"把"がならぶ場合をみてみよう。

399) 向大家把事情说出来，可是有人信我吗？（みんなにこのことを打ち明けたとしても誰が信じると言うの？）
400) 他把客人向大家一一做了介绍。『H详』:609（お客さんをみなさんに一人一人紹介をした。）

399)は、"向"フレーズが前にきた例である。後文の「誰が信じるのか」が物語るようにここで重きをおいているのは相手である"向"フレーズである。したがってこの語順がふさわしい。インフォマントもこのような見解であった。

それに対し、400)は、前置詞フレーズの後ろの"一一"は"客人"一人一人を指している。この話者の中で重きにおいているのは、"把"フレーズである。したがって、"把"フレーズが前にくる。

次は"从"と"把"ではどうだろうか。"把"フレーズが前にくる例をみよう。

401) 怎么把自己从对方QQ删除？（どうやって自分を相手のQQから削除するのか。）
402) 把回收站从桌面删除后不能恢复了。（ゴミ箱をデスクトップから削除したら回復できなくなってしまいました。）
403) 把你从我的记忆中删除吧。（あなたをわたしの記憶から消しましょう。）

"把"の目的語は対象、"从"の目的語は場所がきている。401)と402)の場所は、パソコン上のある場所で若干バーチャルではあるが、具体的場所と言えよう。403)の例になるとより抽象的な場所になる。この3つの例でいずれも「削除」「回復」と言う動作の対象は"把"の目的語である。"把"の目的語は移動可能な対象であり、"从"の目的語は移動が不可能な起点である。

404) 他从老人手里把篮子接了过来。『H 詳』:278（彼は老人の手からかごを受け取った。）

404) は辞書からの用例であるが、インフォマントによれば、コンテクストによって前置詞フレーズの前後を入れ替えることが可能である。これより前に老人が話題としてあがっている場合は、上のような例になるが、かごが話題としてあがっているのであれば"把"フレーズが前にでてくるようだ。次の２つの例も同様である。

405) 从根本上把农民负担减下来。（根本的に農民の負担を減らす。）
406) 从心态上把学到的每一点东西都当作自己最擅长的东西去学。（意識的に学んだ一つ一つのものを自分のもっともたけたものにするつもりで学ぶ。）

405) の場合もどこに重点をおくかで入れ替えは可能である。406) もインフォマントによれば、入れ替え可能ではあるものの、"把"フレーズが長いこともあり、この語順のほうが自然な表現であるとのことであった。次の"把"フレーズと"対"フレーズがならぶ407) の例も同様に重点におくほうが前にでてくる。

407) 你把这事情对他说明白。（あなたはこのことを彼に話してわかってもらわないと。）

この例も前置詞フレーズの入れ替えはできるが、重きをおくのが"这事情"か"他"かで語順がかわる。
　以下では、もう少し長いコンテクストの例文をみて、重きをおいているものが前にでてくる例を検証してみたい。

408) 我非常抱歉最近没有更新，在这里先向大家说声对不起，是我的错！下面我向大家把理由说一下，虽然很无力！（最近（ホームページを）

更新していなくて本当にごめんなさい。ここでまず皆さんに一言謝りたい、わたしのミスです。たとえ無意味だとしてもわたしはみなさんに理由を話しましょう。)

　この例は、謝罪の対象である"向大家"がポイントである。また、その前にある"在这里"は主体が存在できない、具体的な場所をあらわしておらず、文頭にでてくることができる。
　次の例は、文の流れの中でポイントが移動していることがみえる。

　　409)　会上，社区计生联系员<u>向大家</u>把杭州市人口与计划生育委员会《关于解决我市公民私自收养子女有关问题的实施意见》的通知作了宣读，<u>把收养的政策、规定以及办理的手续</u>向大家作了介绍，然后社区又<u>对</u>今年继续开展独生子女平安保险工作<u>向大家</u>作了宣传。(会議では、コミュニティ計画出産連絡員から参加者に杭州市の人口と出産計画委員会の『杭州市市民無許可孤児引き取り解決に関する問題の実施意見について』の通知を読み上げ、孤児引取りの政策、規定および必要手続きについて参加者に紹介し、それから、コミュニティ（の連絡員）からまた今年も一人っ子保険を引き続き展開することについても参加者に宣伝をした。)

　ここでは、一つ目の節では、"向"フレーズがポイントとなり、「連絡員から皆さんに」と言う「誰から誰」と言うのを明確にし、次の節以降は、「紹介」「宣伝」する対象（"把"フレーズ）を前に出している。
　さて、もとの例文に戻ろう。

　　410)　a. <u>把</u>书<u>从</u>书架上拿过来。(本を本棚からとってください。)
　　　　　b. <u>从</u>书架上<u>把</u>书拿过来。(本棚から本をとってください。)

　上で議論してきたことをふまえると、a. は話者が本のほうにポイントをおいた場合に発される文で、b. は本棚のほうにポイントをおいた場合に発されると言うわけである。

ただ、インフォマントの見解では、より自然な表現は a. であり、b. はコンテクストが必要のようである。

5.5　小結

以上、前置詞の分類を試みるために、文法的特徴、文頭にくる場合、前置詞が連続する場合の特徴から前置詞の特徴を再確認した。p.159 の【表5-1】は、前置詞のメンバーをここまでの結果をふまえて、表にしたものである。

実を言えば、[介词库]の前置詞の成員選定、データ結果には若干問題もある。ここで改めて、表をみながら、追加点、変更点、問題点を付け加えて述べることにする。

表をみるにあたっての留意点を以下にしるす。その他、細かな注意事項は表に追記した。

(1)"框式介词"の追加

"框式介词"は文中と文頭に使われる場合がある。必ず文頭に用いる場合には"对～来说"や"从～来看"と言ったある視点から述べるものがある。これらは文頭に用いられ、修飾成分も前におくことはない。

また、文中に用いる場合に"从～上"や"从～里"があるが、これらは目的語が具象的、抽象的にかかわらず、一つの場所化されたものをあらわす。もちろん、範囲指定のはたらきとして文頭にくることも可能である。これら2つの"框式介词"をそれぞれ Group1 と Group3 の中に入れた。

(2) 文頭にくる前置詞フレーズ

前置詞フレーズを文中にもおけるが文頭にもおける前置詞は Group2～Group4 である。今回は、文頭にくるか否か、修飾成分をどこにおくのかのデータ結果により、この分類にしているが、使用頻度でみていくとまた異なる結果を得られ、そこからも実と虚の差がみえてくるだろう。

いずれにせよ、前置詞フレーズが文頭にくる場合は、その前に修飾成分をおけなくなり、文中にでてくる前置詞フレーズとは異なるはたらきをする。

◇ 第5章 ◇

主語を後ろにおいて、後続の動詞フレーズと縁を切ってでてくる。したがって、これらはより虚な用法と言える。

　(3) 前置詞の目的語が抽象的か具象的かをわけた場合の前置詞の虚実の度合いがみえない。
　この［介詞庫］では、なぜか"为"にだけ目的語による分類をしているが、そのほかの前置詞についてはしていない。筆者も"跟（和，同，与）"や"対"に対しては、分類したが、そのほかはしていない。その意味では目的語に対してみることも必要である。場所目的語、時間目的語の両方をおける前置詞が複数あるが、この異なりによってみえてくることもあるだろう。ただ、そこまで細分化していくことが有意義な作業かどうかは今のところはわからない。

【表5-1】機能化の度合いによる前置詞の分類

Group	実虚レベル	主前後	修飾成分位置	前置詞	備考
1	虚 ↑	前	後	"关于"、"基于"、"每当"、"至于" 框式介词 "对～来说"、"从～来看"	
2		前後	後	"据" "除"、"除了"、"对（于-）（コト的対象）"、 "鉴于"、"正如"、"自从"、"作为"、"由于"	
3		前後	前後	框式介词 "从～上" "从～里" "本着"、"从"、"待"、"当"、"当着"、"对（対象はヒトまたはモノ）"、"根据"、"经"、"经过"、"连"、"连同"、"临"、"凭"、"凭借"、"顺着"、"通过"、"为了"、"为着"、"依"、"依照"、"因"、"因为"、"在"、"照"、"照着"、"针对"、"遵照"、"按"、"按照" "趁"、"趁着"、"乘"	PPが文頭にくる場合は修飾成分をその前におかない。
4		前後	前	"打"、"借"、"就"、"随着"、"为（原因・目的）"、"沿"、"沿着"、"以"、"由"、"至"、"自"	PPが文頭にくる場合は修飾成分をその前におかない。
5	↓ 実	後	前	"把"、"被"、"朝"、"朝着"、"给"、"跟（随伴、共同行為の対象）" "管"、"和（随伴、共同行為の対象）"、"将"、"叫"、"尽 jīn"、"让"、"替"、"同（随伴、共同行為の対象）"、"往"、"望"、"为（行為の対象）"、"为（wéi=被）"、"向"、"向着"、"像"、"用"、"于"、"与（随伴、共同行為の対象）"	

※［介词库］では"随"だったが同用例では"随着"の例しか掲載されてなかったのでここでは"随着"に改めた。
※前置詞"比"、"离"については述詞に主として形容詞がくるため、ここに入れていない。それぞれの特徴を付記する。
"比"：前置詞フレーズは主語の前にくることはできない。否定副詞は前置詞フレーズの前のみ可能。助動詞はいずれにも入らない。非常に動詞よりのところにあると言える。
"离"：前置詞フレーズは主語の前にくることはできない。否定副詞は前置詞フレーズの後ろのみ可能。助動詞はいずれにも入らない。

6. 終わりに 〜まとめと今後の課題

　これまでみてきたことをたどり、今後の課題を記して、終わりのことばとしたい。
　2.1 以降で、"対"と"跟"を例に前置詞自身の機能分化の流れをみた。前置詞と結びつく動詞の使用範囲が広がると同時に前置詞の機能も「より実な用法」から「より虚な用法」へと広がりをみせる。
　このような広がりを持つものはこのほかに"从"や"在"がある。機能の広がりを持つ前置詞は、対象が具象的なものからより抽象的になることによって、結びつき可能な動詞の範囲も広がり、同時に前置詞の文法的機能の拡張も起きている。
　3. では、動詞の前置詞選択の契機をみた。動詞だけでは前置詞選択を決められない場合、前置詞フレーズにまで範囲をひろげてみることで、前置詞選択の異なりがみえることを 4. でみた。
　5. では、前置詞フレーズがつくることが可能な文型、修飾成分の入る位置から前置詞の分類を試みた。また、前置詞が連続する場合の語用論的相違から前置詞の分類を試みた。
　前置詞の側から結びつく動詞の範囲の広さをみ、また、動詞の側から結びつく可能性のある前置詞と前置詞間の差をみた。さらに、動詞との関係の中で作られる前置詞フレーズを含む文型パターンを検討した。
　これらから、前置詞と言う一つの品詞にまとめられているもの複雑さ、個々の前置詞の機能の幅を広いものから狭いものまで存在することがわかった。
　今後、この研究をさらに発展させていく上で、不足な点、問題点について、以下に述べることにしたい。
　まず、1. であげた、前置詞がつくる 3 つの構文のうち、文型 A と文型 B についてはみてきたが、文型 C についてや文型 A、文型 B と文型 C の関連

◇ 第6章 ◇

性については今回ふれることはできなかった。文型Cに対する解釈は、先に述べたとおり、動詞の後ろにくる前置詞フレーズとするのが一般的な説のようだ。

しかし、朱德熙1982のように動詞の後ろにくる"到"や"在"を動補構造の補語と主張する立場や宋1996bの文型Cを前置詞とすることに疑問を呈する立場もある。今のところ、筆者も朱氏や宋氏の立場に賛同するが、今後、先行研究をふまえたさらなる検討の必要があろう。

同じことは、"给"についても言える。これらの3つの文型について言えば、それぞれの前置詞がとることができる目的語の格はほぼ同じである（"到"、"在"は場所や時間、"给"はヒト）。そうであるならば、それぞれ、どんな動詞がどの文型をとる傾向があるのか、何らかの違いによっていずれかの文型を選んでいるはずである。

これら何らかの違いを一つ一つひもといていくことで、文型Cの前置詞とされるものが、果たして、動詞なのかそれとも前置詞なのかと言う結論もでてくるだろう。

このほか、3.以下で動詞と前置詞のかかわり方についてみてきた。動詞と結びつく前置詞、一つの動詞が複数の前置詞を選ぶ場合の選択の条件については、上でみたとおりである。

ある動詞が何らかの対象を必要とする場合、それを前置詞で引き出すのか否か、そして、前置詞を必要とする場合、どの前置詞と結びつく可能性があるのかが非母語話者の迷うところで、なかなかわかりにくい。

これらを理解するには、動詞と前置詞のつながりを理解し、また、前置詞の性質を知る必要がある。結びつく動詞とともに、前置詞自身の使用範囲の広がり、動詞と格とのかかわりをみることも重要になる。そうなると母語話者で議論されている、前置詞がどんな格をとるかと言う点に立ちかえることにもなる。母語話者が動詞とのかかわりよりも前置詞がとる格を重視するのもおのずとわかる。

しかし、非母語話者にはそれだけでは足りず、後続の動詞への配慮も必要である。前置詞と動詞の関係をみることはまさにタマゴとニワトリの関係のようで、前置詞が動詞を決めるのか、動詞が前置詞を決めるのか、非常に迷

うところである。

　ただ、動作との関係から言えば、動詞が直接目的語にとれない、結びつきの対象となる目的語（ヒト、モノ、場所、時間、目的、原因）を引き出す際に前置詞を介して、これらが引き出される。前置詞フレーズはあくまで文構成の一成分であり、動詞の存在があって、はじめて前置詞の存在があると考えるのが妥当であろう。したがって、前置詞にとって、動詞とのかかわりは非常に重要である。

　5. では、前置詞フレーズを主語の前におくことが可能か、修飾成分をどこにおくかなどの条件から、前置詞を5つに分類し、前置詞ごとの虚実の度合いを検証した。

　本書の中でも上の条件にプラスして、目的語の格に応じて前置詞の分類を試みたが、これもすべて網羅的にできたわけではない。個々の前置詞において、どのような格をとるか、どのような動詞と結びつくことが可能なのかを細かくみることで、前置詞の中のさらなる虚実の程度による分類が可能になるだろう。

　たとえば、"把"について言うと、"把"がとることが可能な格は処置の対象とするだけである。しかし、それが具体的な対象なのか、またはより抽象的な対象なのかまでみると、また違う答えがみえてくるかもしれない。"把"の本来の「つかむ」と言う意味から派生しているのであるならば、具象的な場合（手でつかめるもの）と抽象的な場合（手ではつかめないもの）での違いがある可能性はあるだろうし、違いがあった場合は、結びつく動詞の相違もおのずとでてくるかもしれない。

　ただ、目的語の格のタイプ、結びつく動詞、文型パターンと言う3つの視点から前置詞の分類を試みた場合、さらに分類が細かくなることでみえてくるものも多くあるだろう。しかし、教学的、学習的視点にたちかえった時に、この前置詞と言う一つのグループを詳細に分類していくことが有効かどうか、その妥当性については、今のところはわからない。

　今回は、主として動詞と前置詞との結びつきを述べてきた。しかし、中国語の前置詞には、形容詞との結びつきを好むものがあることも忘れてはならない。中でも"离"、"比"、"对"、"跟"は形容詞と結びつくパターンが多い。

今後は、動詞と前置詞の結びつきだけでなく、形容詞と前置詞の関係にも目を向けることが必要である。

　筆者が中国語研究をおこなう目的は、日本語母語話者ひいては中国語非母語話者が中国語学習をスムーズにできるよう手助けをするためである。本書を通して、前置詞ならびに動詞と前置詞の関係を理解する際の一助になればと願う。

附論

辞書における動詞項目にいかなる前置詞情報を盛り込むべきか

◇附論◇

0. はじめに

　現代中国語における動詞と前置詞の間に存在するコロケーションが、現行辞書の中でどのように記述されているだろうか。本稿はその現状を概観し、どのように記述すればよりよいものになるのかについて、中国語教学の観点から検討しようとするものである。

　そもそも中国語の前置詞はどのようなときに用いられるのだろうか。一つは、動詞とかかわりのある名詞が動詞の直後の目的語の位置におけない場合、また、もう一つは本来動詞の直後の目的語の位置におくことができるが何らかの理由で目的語の位置がふさがっている場合である。一つの動詞が前置詞を選ぶ際の要因は、以下の条件がからみあっていると考えられる。[84]

　①格（例：動作のおこなわれる場所ならば"在"、起点なら"从"など）

そのうち、目的語が動作の対象（対象格）の場合は、

　②動詞との結びつき（例：给〜介绍、跟〜联系、为〜服务）
　③目的語との関係（上下関係など、例：向/给〜介绍）
　④動詞の文体的特徴（口語 or 書面語、例：向〜报告/汇报）

によって、前置詞の使いわけが生じる。またたとえば、"向〜学习"と"跟〜学习"のように一つの動詞が異なる種類の目的語を引き出すために複数の前置詞を選ぶ可能性がある場合や、"向〜介绍"や"给〜介绍"のような同

---

[84] 中西 2004 で伝達動詞と前置詞の関係についてふれた。また、中西 2005 では前置詞 "跟" と動詞の関係が、前置詞の意味拡張から結びつく動詞が変化していることを述べた。本書では、2.2、3.2 を参照。

じ種類の目的語を複数の前置詞で引き出すことが可能な場合も存在する。後者の場合は、話者の発話時の意図や立場によって、前置詞を使いわけている。

わたしたち中国語非母語話者にとって、一つの動詞に前置詞が必要な場合にどの前置詞を用いるのか、また、複数の前置詞をとる可能性があるならばどのような違いがあるかは非常に有益な情報である。

しかし、それを知る手がかりの一つである辞書にははたしてどう記述されているのだろうか。実態はどうであろうか。

本稿では、まず、個々の学習辞書の動詞項目における特徴的な前置詞情報の記述をみる。そして、各辞書の動詞項目の記述について比較、検討をする。

また、一つの動詞がどの前置詞と組み合わせた例文を選ぶべきか、複数の前置詞を用いることができる場合のそれぞれの前置詞の相違点は何かについてふれ、動詞項目にほしい前置詞情報がどうあるべきかについて、私見を述べたい。そして、辞書の前置詞項目の動詞情報の記述についてもみる。

以下では、学習辞書と言う観点からみた中日辞典、中国で出版された非母語話者向けの学習辞書を例に、何が満たされていて、何が不足しているのかを検証していきたい。

1. 調査方法と調査の対象

まず、対象を前置詞で引き出すことの多い動詞から初級段階で学ぶものを選び、その動詞項目に記述されている前置詞情報を概観したい。主として、次頁【表1】の日本で出版されている辞書から検討する。また、中国で出版されている非母語話者向けの学習辞書2冊もとりあげる。

本稿では、上記辞書を調査対象とし、学習に必要な動詞を主に、

◇ 附論 ◇

1) 前置詞に関連する記述があるか
2) 前置詞を用いた例文を載せているか

の2点を検証する。今回は主に対象を引き出す前置詞（"跟"、"対"、"向"、"給"など）をとる動詞を対象とし、それ以外の前置詞については必要に応じてふれることにする。

【表1】調査対象の辞書

書名	出版社	出版年	略号
中日辞典（初版）	小学館	1995	『小1』
中日辞典（第二版）	小学館	2002	『小2』
中国語辞典	白水社	2002	『白』
中日辞典（第二版）	講談社	2002	『講』
中日大辞典（増訂第二版）	大修館書店	1987	『大』
クラウン中日辞典	三省堂	2001	『ク』
中国語辞典	東方書店	2004	『東』
プログレッシブ中国語辞典（コンパクト版）	小学館	2004	『プ』
はじめての中国語辞典	朝日出版社	2002	『朝』
学汉语用例词典	北京语言大学出版社	2005	『学』
商务馆学汉语词典	商务印商馆	2006	『商』

2. 調査結果

2.1 前置詞に関連する記述があるか

まず、現行辞書における動詞項目の中の前置詞情報がどう記述されているかみてみよう。前置詞とのかかわりについて逐一説明を加えてくれているのは『白水社』の辞書である。『白水社』では、動詞項目と結びつき可能な前置詞をかなり多く載せている。

『白水社』の記述（例）

【吵架】chǎo//jià 動 口げんかする．¶跟别人吵了架。〔'跟'＋名＋〕＝人とけんかした．

【交往】jiāowǎng 動 つきあう, 行き来する．¶我跟他交往已经有十年了。〔'跟'＋名＋〕＝私は彼とつきあって既に10数年になる。…以下省略

【结婚】jié//hūn 動 結婚する．⇔离婚．¶小王跟她结了婚。〔'跟'＋名＋〕＝王君は彼女と結婚した。…以下省略

【离婚】lí//hūn 動 離婚する．⇔结婚．¶半年后就离了婚。＝半年後に別れた．/我和他［打］〜。〔'和'＋名＋〕＝私は彼と離婚する．…以下省略

【求婚】qiú//hūn 動 求婚する, プロポーズする．¶我向她求了婚。〔'向'＋名＋〕＝私は彼女に求婚した．

【解释】jiěshì 1 動（言葉の意味や事柄の意義・原因などをよくわかるように）説明する, 解釈する．¶拿唯物的观点〜历史。〔＋目〕＝唯物的観点から歴史を解明する．/他向大家〜事情的来龙去脉。〔'向'＋名＋〜＋目（節）〕＝彼は皆に事情の一部始終を説明した．/把国家的政策向群众〜清楚＋〔'把'＋名＋〜＋結補〕＝国の政策を大衆によくわかるように説明する．…以下省略

【解决】jiějué 1 動 解決する．¶我们〜了困难。〔＋目〕＝我々は問題を解決した。/我把厂里的老大难问题全部〜了。〔'把'＋目〕＝彼は工場の懸案になっていた困難な問題をすっかり解決した．2 動 敵をやっつける, 片づける．¶游击队很快〜了敌人。＝遊撃隊は素早く敵を片づけた．/我们把敌人全部〜了。〔'把'＋目〕＝我々は敵を全部片づけた．…以下省略

◇ 附論 ◇

　p.174 の【表2】からわかるように、"求婚"、"結婚"など、前置詞が限定される場合もある。だが、『白水社』でしめされた前置詞とだけ、その動詞が結びつくわけではない。また、すべての動詞項目に前置詞との結びつきについて記述しているわけでもない。また、前置詞を一つだけピックアップして載せている場合、この辞書を利用する学習者には他の前置詞も選択可能であることは想像しにくい。つまり、同じ種類の目的語をとるのに他の前置詞も使えることは一つの辞書からは導けない。そして、たとえ、複数の前置詞が同じ種類の目的語をとることができたことを理解しても、どんなニュアンスの相違があるかについては、辞書からだけでは理解が難しいのである。

　もっとも、形式動詞"进行"のようにどの辞書も同様な記述をしているものもある。以下をごらんいただきたい。

"进行"の記述

『白水社』　　　　…(2) 動詞は更に目的語を伴うことがなく、動作の対象を示す語が必要な場合は'对'を用いて導く。

『東方書店』　　　…b)'进行'の目的語となる動詞の後ろにさらに目的語を置くことはできない．意味上目的語が必要な場合は介詞'对'を用いて前に置き，'对问题进行研究'〔問題を研究する〕とする。

『小学館中日2版』　…語法2目的語に立つ動詞はさらに目的語をとることはできず、"对"でその目的語を"进行"の前に出す．¶对预算～审查／予算について審査を行う．予算を審査する．▼"～审查预算"とは言わない．¶我们对他～了帮助／われわれは彼に援助をした。▼"我们～帮助了他"とはいわない．

　このように、これらの辞書の"进行"には、対象を必要とする場合は前置詞"对"を用いることをそろって明記している。実際、移動や変化を加えない施しの対象（目的語）を引き出すには"对"を用いるしか他に方法はない。これは"进行"の使い方がわからない非母語話者には当然必要な説明である。

その他、各辞書の動詞項目には前置詞について、どのような注釈をしているのだろうか。以下は、各辞書で特徴的な記述がみられるものをあげる。

A：【说】shuō　1【动】話す，言う：話相手は必ず'跟'，'和'，'给'などの前置詞で前に出す.∥～话／話す↓∥～英语／英語を話す∥有什么事，尽管跟我～／何かあるなら，遠慮なく私に言って下さい。…以下省略『東』

B：【问好】wèn hǎo〔动短〕询问安好，表示关切。(send one's regards to ; say hello to) 常做谓语，中间可插入词语。多与"向、代、替"等构成的介词短语配合。例句 请向我的朋友们问好。代我们问老师好。…以下省略『学』

C：【离婚】lí hūn〔动短〕按照法定手续解除婚姻关系。(divorce) 常做谓语、定语，中间可插入成分。(中略) ▼"离婚"做谓语不能带宾语。如：*小王离婚妻子了。(应为"小王跟妻子离婚了")『学』

D：jiàn∥miàn【见面】対面する．顔を合わせる．▼「Aと会う」は"和〔跟〕A见面"といい、"×见面A"とはいえない。¶一～，我们就成了朋友／初対面のときからわれわれはすっかり友達になってしまった。¶我和他见了两次面／私は彼と２度会った．¶我没跟他见过面／彼とは会ったことがない．『小２』

E：jiè【借】　1 借りる▼二重目的語をとったり，借りる先を介詞"跟""向"などで前に出したりすることができる。¶我～了他一本书／彼に本を一冊借りた。¶我跟她～了一本笔记本儿／私は彼女にノートを借りた。¶向银行～钱／銀行から金を借りる…以下省略『小２』

　Aの"说"は、話の内容、叱る対象としてはヒトを目的語の位置におくことができるが、話をする対象を引き出す場合は、前置詞（"跟"、"对"、"向"、"给"）を用いて、引き出すしかない。Aのような説明は、どの伝達動詞にも

ほしい説明ではあるが、このような説明は他の辞書にはない。また、同辞書の他の伝達動詞（"讲"、"谈"、"介绍"など）には、前置詞を使った例文を載せていても、このような前置詞に関する説明はない。"说"に対して、この説明があることだけでもよしとするしかないのだろう。可能ならば、辞書に何らかの標示をして、対象（ヒト）をとる場合は前置詞を必要とすると言う説明や各々の前置詞の使いわけがわかる例文や注釈があれば、学習者により親切である。

Bの"问好"は他の現行辞書でも前置詞を使った例文をあげているが、これほどくわしい説明はしていない。ただ、ここでも前置詞を使うことを注記してはいるが、格の違いについてはふれていない。たとえば、"请替我向他问好。（わたしに代わって彼によろしくお伝えください。）"の前置詞（"替"、"向"）はいずれもヒトをとることには変わりないが前置詞の機能が異なる。これだけ前置詞をあげたのなら、この点にもふれてほしい。

Cのような相互動詞に対する注釈も辞書によって異なる。このCの説明は、英語の場合は後ろに目的語をとるので、誤用を防ぐために書かれた、英語母語話者に向けた注意書きであろう。日本語母語話者にとってもこの例文があれば、対象（相手）をとる場合に前置詞が必要であることがわかり、これはこれで有用な情報である。

Dの"见面"も同じく相互動詞でなおかつ離合詞である例である。他の辞書は、ここまで丁寧な説明はしていない。この説明があるのは、おそらく日本語母語話者が特にこの間違いを犯しやすいからであろう。

Eの"借"は「借り手」を引き出す際に前置詞を用いることができる。そこで、どの前置詞を使うかが問題になる。いずれも「借りるための言語活動」が介在する場合、前置詞"跟"または"向"を選ぶ。しかし、p.174の【表2】からもわかるように、物の元のありかを引き出す"从"を選ぶことも可能である。この場合、当然"从"の後ろにくるヒトは場所化（"他那儿"）する必要がある。また、"给"で対象を引き出した場合は、その後ろにくるヒトは、受益の対象になる（"给他借钱"＝彼のためにお金を借りる）。それぞれの前置詞が引き出すものが違うのである。これらが明確にしめされるならば、学習者の誤用を防ぐことができるだろう。

以上のように、動詞項目の前置詞についての記述は個別にすぐれたものがあるが、徹底しているわけではない。
　次に、現行辞書の動詞項目にどこまで前置詞を含めた例文を載せているかをみてみたい。

2.2　前置詞を用いた例文を載せているか[85]

　動詞項目にまず必要な情報は、「動詞がいかなる目的語をとるか」つまり、動詞と名詞のコロケーションである。これは、できるだけ典型的なものから非母語話者にわかりにくい組み合わせ（日本語とは違うもの"喝粥""穿鞋"など）も記述されていることが望まれる。そしてその次に、動詞とかかわりのある名詞が動詞の目的語の位置にこられない場合の説明もあるとありがたい。どの前置詞を用い、どのような目的語を引き出すのかと言う情報が必要である。しかし、実際、ここまでの配慮がなされているものは決して多くない。
　p.174の【表2】は、辞書の動詞項目に前置詞を用いる例文をどれくらい記述しているかしめしたものである。ここであげた動詞はごく一部だが、この表からも動詞の前置詞情報の問題点がみえてくる。以下、2.2.1から2.2.6にまとめた。

85　山崎2005でも学習辞書に前置詞（"跟"、"给"）が必要な動詞項目に前置詞をともなう例文があるか検証している。

◇ 附論 ◇

【表2】 各辞書の動詞項目の例文の前置詞使用状況

辞書 動詞	小1 小2	白	講	東	大	ク プ	朝	学	商
说	跟●	用,给,把	对	跟	跟,和	跟	跟		
谈	跟	跟,把				跟	跟	跟	跟
讲		跟,给,把		对,跟,把	向			跟,给	
说明	把●	对	向	把		把	向		给,向
讲解	把,给	向	给					给	给
解释	把,向, (对)	向,把					向	向,给,把	
介绍	给	向,给,把	给	给	向		给	向,给,把	
服务	为,(在)	为	为	为	在,为	为	在	为	为
打招呼	给,跟	向,给,跟	跟	跟,给	给	向	跟	跟,和	×
开玩笑	跟●	跟	跟	拿,跟	跟,拿	跟	跟	跟	和	跟
生气	跟●	跟,为						跟	
帮忙	给	给		给	给	给			给
请假	替●							跟	向
求婚	向	向	向	向		向	×	×	向
问好	向	向	向	向	替	向	向	向,代,替	
请教	向	向	向	向			向		
请示	向	向	向	向			向		
借	向●,跟	向,从	跟,向	跟,从	向	从	跟	跟	向	从,向
学	跟●	跟		跟*1	跟*1	跟			
学习		向		向	跟	向		在,向	向
见面	跟	跟	跟	跟			和	和,跟	跟
吵架		跟	和				跟	跟	
联系	与●,跟●	跟,和		跟	同,和			[找]	[找]
交换		把		用					跟
交往	和●	跟	跟			和	跟	和	
结婚	跟	跟		跟		跟		和	跟
离婚		和		跟				跟	跟
聊天儿		在							和
商量	和,(跟)	和,把	跟	跟,和		跟	跟	跟	跟,和
进行	对	对		对	在	对	对	就	
加以	对●	对于,把	对	对	在		×	对	

※空欄は前置詞を用いた例文なし、×は語項目なし。"把"を用いる場合、動詞には補語をともなっている(加以は除く)。『小学館』の●は二版で追加されたもの。『小学館』の( )は二版でなくなったもの。[找]は動詞だが、前置詞の位置にでてくることが多いので、参考に載せておいた。
※明らかな接続詞用法はチェックの対象外とした。*1の"学"は「まねる」の意。

2.2.1　前置詞への配慮

【表2】からは、たとえ大きな辞書でも前置詞を使った例文が少ないものがあることと、どの辞書も決して前置詞を含めた例文を載せることへのこだわりが強いと言うわけではないことがわかる。

ただ、小学館中日辞典については、『小1』から『小2』へバージョンアップしたときに、『小1』では関心がうすかった前置詞の記述も『小2』で大幅に増えており、学習者のかゆいところに多少手が届くようになったと言えよう。

また、他の辞書もそろって同じ前置詞を用いた例文を載せているわけではないことがわかる。他の前置詞の可能性もあるのにどうしてこの前置詞を選んだのかと言う疑問がわいてくるものもある。

中国の学習辞書についてみれば、全体的にはそれなりにカバーしていることがわかる。しかし、ここであげた動詞すべてに対して前置詞に関する記述が十分になされているわけではない。たとえば、"说"にはいずれにも前置詞についての記述や注意書きがない。"说"は、話す相手（"受话人"）を引き出す際に前置詞が必要となるため、中国語学習辞書としては当然、説明や例文があってもいいのではないか。

2.2.2　対象をとる前置詞のばらつき
　複数使える場合の違いに対する断りが乏しい

対象を前置詞で引き出す必要のある動詞は、例文を意識的に出してはいるが、採用する前置詞が辞書によって異なる。ここでは"说"、"讲"、"谈"、"说明"、"解释"、"介绍"などの伝達動詞を例にみよう。

伝達動詞の目的語になるのは、話す内容、話題のみで、「（人）に言う」と言う、話す相手（"受话人"）をとる場合、必ず前置詞を用い、動詞の前におかなければならない。話す相手（"受话人"）を引き出すことができる前置詞としては、"跟"、"对"、"向"、"给"がある。

どれを選ぶかはコンテクストや動詞の語彙的な意味、対象が個人か大勢か、

目上の人か、教えさとす対象であるか、フォーマルな場で発されるかなどで決まる。もちろん、動詞の語彙的な意味によって、唯一無二の前置詞を選ぶ場合もあれば、上記の要因から選ばれる前置詞が決まるものもある。

　また、"开玩笑"をみてみよう。"开玩笑"は"跟（和)"と"拿"の2つの前置詞をとることができる。【表2】でもいずれかの例文を記載している。

　しかし、"跟（和)"は冗談を言う対象、"拿"は冗談の材料となる対象を引き出す役割を持つ。前置詞が引き出すものの相違があるのである。

　【表2】をみわたすと、すべてに前置詞を使った例文を載せているわけではないことがわかる。また、例文を載せているものだけをみても、決して同じ前置詞がでているわけでもない。どの前置詞との結びつきをまず載せなければならないのか、そして、どこまで載せるべきか考える必要があるだろう。

　また、前置詞の違いで引き出す対象が異なることがわかる例文と注記があるとよりよい。

2.2.3　相互動詞にからむ前置詞について

　相互動詞の場合をみよう。相互動詞とは、その動作行為をおこなうのに主体が2人ないし2人以上必要な動詞のことである。同じ行為をおこなう相手（対象）を引き出すには"跟（和、与)"が必要となる。これら相互動詞は目的語にこの対象をおくことができない。

　また、離合詞の場合は離合詞自体がＶＯ構造のため、すでに目的語をとることができない。そうであるならば、前置詞を用いた例文を載せてあるのがより親切である。

　ところが、【表2】の"吵架"、"请假""结婚"、"离婚"の列をみても前置詞を用いた例文を必ずしも載せているわけではなく、"聊天儿"にいたってはどの辞書も前置詞を"跟"を用いた例文は載せていない。相互動詞では、"我们又见面了"や"我们以后多联系吧"のように複数形の主語を用いた例文がまず必要であるが、次には前置詞のある「（人）と（動作）をする」と言う例がほしい。

2.2.4 一つに絞れそうな前置詞がある

　大半の辞書で同じ前置詞を選んでいる動詞がある。【表2】でも一つの動詞に対して、ほぼ同じ前置詞を例文に載せているものがある。
　たとえば、"请示"、"请教"、"求婚"には、"向"を用いた例文を載せている。"向"を選んだ理由はそれぞれ、"请示"は対象が大勢ないし、フォーマルな場面で使う動詞であるからだ。"请教"も教えを請う相手をたて、これもまたフォーマルな場面で用いることから、"求婚"も同様、相手をたて、フォーマルな行為であることから"向"を選んでいる。
　また、"问好"をみても、「よろしく言う」対象を引き出す場合には"向"を選んでいる。これも相手をたてることから選ばれている。"帮忙"については、どの辞書も"给"を用いた例文を載せている。
　また、"服务"では、"为"を用いた例文がすべての辞書で、載せられており、一部の辞書で場所を引き出す前置詞"在"を用いた例文まで載せている。もっとも"服务"は、

"服务"：为人民～／为顾客～『小2』
　　　　我在商业部门～『プ』
　　　　你在哪个机关～？『大』

と言うような、かなり固定した例文しかでてこない。ただ、"在～服务"の例は今風ではない。ちなみに、"在～服务"の例文は『小1』ではあったが『小2』では削除されている。
　相互動詞はどうだろう。上で述べたルールどおり、例文にほしいのは"跟（和）"である。学習者に配慮するならば、相互動詞である何らかのマークとともに、例文までつけてあると親切である。
　しかし、"联系"のように、双方向から単方向動作にも使える場合は、それがわかる標示や注意、例文をつけたほうがいい。ただ、"联系"については、中国側の辞書2冊ともが"跟（和）"を使わず、"找"を採用している。
　これは、インフォマントによれば、北方でよく用いられ、より口語的で、

◇ 附論 ◇

相手との関係が親密であるとか、より積極的に「相手を求める」ニュアンスがあるようだ。この"找"も石ら 2001 で述べるように、連動式の第一動詞と言う、前置詞になりやすい位置にあることは注意していい。

2.2.5　形式動詞 "进行"、"加以" とからむ前置詞

【表2】一番下の2つの形式動詞、"进行" と "加以" をみよう。先にみたように "进行" に "对" がくることは、ほとんどの日本の辞書に説明がある。しかし、中には全く例文を載せていないものもある。

『大』がいずれの形式動詞にも "在" を選んでいることは、あまり意味がない。また、"加以" は補語を後ろにともなえないが、動詞自体に施し、変化を加える意味が含まれるので、"把" で対象を引き出すこともできる[86]。

したがって、"进行" は "对" を用いた例、"加以" も類似の注釈と "对" や "把" を用いた例があるとより親切であろう。

2.2.6　日中辞書比較 〜前置詞情報を焦点にして

日本で出版されている辞書についてまとめてみよう。今回調べた動詞に関して言えば、ある程度の前置詞情報を載せているがやはり十分ではない。また、その前置詞が選ばれる場合の文体の違いについてはまったくふれていない。

一方、中国で出版されている留学生向けの学習辞書については、例文についてはある程度網羅しているものの、日本で出版されているものに比べ、前置詞についての細かな注釈まではなく、説明が足りない。

---

[86]　中西 2007 で形式動詞と前置詞についてふれた。"进行" は後ろの動詞の動作性が弱いものがくるので "对" との相性が良いが、"加以" の場合は "加以" 自身の他動性が "进行" より強いので、"对" とも "把" とも結びつく可能性がある。本書では 4.4 を参照。

3. 辞書にほしい情報とは

以上、現行の日中の学習辞書の動詞項目に前置詞情報がどれくらい記述されているかをみてきた。ここではこれらをふまえて、以下では動詞に前置詞情報をどこまで載せるべきか、辞書の理想的な記述について考えてみたい。

3.1 動詞の側から

動詞項目に前置詞情報（前置詞を用いた例文）が記される可能性、その必要があるかどうか、ポイントは3.1.1から3.1.3の3点にある。

3.1.1 目的語に対象をとれない動詞やＶＯ構造の語が他の対象をとる際に前置詞が必要になるが、そのような語には前置詞を用いた例文が必要かどうか（例：我跟她说……／我跟他见面。）

これに該当するのは伝達動詞と離合詞である。離合詞は"//"の記号でどの辞書にもしるされている。さらに、他の対象を引き出すには前置詞が必要であることも何らかのかたちでしめされるといい。相互動詞も同様である。共同行為または相互行為の対象を引き出す場合の前置詞は使用頻度に応じて、例文や注釈が載せられていることが望まれる。すべてに用例をつけることが難しいならば、主要な動詞やイディオム化しているものから例文や注釈を載せてはどうだろうか。以下、筆者の考える辞書の試案をあげる。

【理想的な記述（筆者の提案例）】
　　说 shuō　①話す：目的語にくるものは話題、話の内容である。したがって、
　　　　　　　話をする対象を引き出す場合は前置詞"跟"、"对"、"向"、"给"

を用いなければならない。你有问题随时跟我说。(何か問題があればいつでもわたしに言って下さい)※"跟"はもっとも用いられ、よりフランクな場面で用いられる。我向大家说对不起。(みなさんにあやまります)※相手が大勢の場合やフォーマルな場面では"向"を選ぶ。刚才的话你对谁说的？(さっきの話は誰に言ったの)※"对"は焦点化の機能を有する。我给你说一个笑话。(君に笑い話を一つしよう)※"给"は相手に何か新情報を与える場合や教えさとす場合に用いる……

结//婚 jiéhūn　相互　①結婚する。我们结婚了。(わたしたちは結婚しました)我结婚了。(わたしは結婚しました)我跟她结婚了。(わたしは彼と結婚しました)※結婚する相手は"跟"で引き出す。……

求//婚 qiúhūn　①プロポーズする。我求婚了。(わたしはプロポーズした)我终于向她求婚了。(わたしはついに彼女にプロポーズした)※求婚の対象は"向"で引き出す。……

联系 liánxi　相互　①連絡をとりあう。我们以后多联系吧。(これからも連絡をとりあいましょう)②連絡をする。我要跟［找］她联系。(彼女に連絡しないと)※連絡の対象を引き出す場合は"跟"または"找"を用いる。……

学习 xuéxí　①学習する、勉強する。我学习汉语。(わたしは中国語を勉強しています)我跟王老师学习汉语。(わたしは王先生について中国語を勉強しています)※勉強を導くヒト(モノ)は"跟"で引き出す。……我们应该向他学习。(わたしたちは彼に学ばなければならない)※手本、目標とするヒト(モノ)は"向"で引き出す。……

3.1.2　動詞の後ろに目的語をともなえるにもかかわらず、前置詞によっても目的語を引き出した場合の例文が必要かどうか（例：我请教你一下。／我向你请教一下。）

　"请教"や"问"は本来後ろに目的語をともなうことができるが、相手をたてて、"向"を用いることがある。[87]目的語の位置にくる例文も当然あっていいが、前置詞を使う頻度が高いならば、これも検討しなければならない。【表2】でも"请教"には"向"を用いた例文を載せている。また、"问"でも"我向你问一下。"と言う表現を少ないが聞かないわけではない。今後はどうすべきか考えなければならない。

3.1.3　後ろに目的語をとれる動詞が、ある制限の中でとれない場合、前置詞をともなう例文が必要かどうか（例：她对这个问题研究得还不够。）

　動詞が目的語を後ろにとることができても状態補語がくると目的語を文頭におくか、前置詞で引き出すかしなければならなくなる。[88]前置詞情報として、載せる優先順位は後になるかもしれないが、使用頻度が高いなら載せてもいいだろう。

3.2　前置詞の側から

　以上で動詞項目に注目してみたが、本節では逆に前置詞項目から例文をみてみたい。p.183の【表3】は各辞書の前置詞"跟"、"对"、"向"、"给"の説明で、例文にあげている動詞をまとめたものである。
　辞書の前置詞項目では、動詞との関連でいかなるはたらきをするのか、その結びつきを知ることができるといい。しかし、実際【表3】では、前置詞

87　百度（http://www.baidu.com/）での高級検索では、"我向你问一下"と"我问你一下"の比率は1:29だが、"我向你请教一下"と"我请教你一下"は10:1で逆転する。また、"我向你问一下"には抵抗をしめすインフォマントは多い。（2008.11調査）

88　中西2005bで、本来動詞が目的語をとれるが、動詞に何らかの補語がともなうと対象を引き出すのに前置詞を用いることにふれた。本書では2.1.3.2、3.5を参照。

◇ 附論 ◇

と結びつくことができる動詞が、わずかな数しかみることができない。また、辞書ごとにみても、動詞の選定が学習者に配慮したと言う感じでもない。一つの動詞が複数の前置詞と結びつくことが可能であることもこの表からわかる。

また、たとえば、"跟"は「相互動詞の対象を引き出すために用いる」と注記してあれば、用例が少なくても対応可能だが、辞書には相互動詞を用いた例文がないものもある。また、そのような注記もみられない。今後編まれる辞書には少しでもそれらがしめされることが期待される。そして、各前置詞の動詞の選定にも配慮が必要だ。

【表3】をみると、学習者に発想が難しい"去电话"を採用する辞書が2つもあることに気がつく。なぜ、"打电话"を選ばなかったのだろう。

前置詞項目には前置詞の用法の広がりをしめすとともに前置詞の意味・機能がわかるように学習者にとって身近な動詞を頻度や優勢によって例文をしめすことが求められるが、前置詞項目に網羅的に動詞を例文で載せるのは難しい。

やはり、動詞項目に前置詞情報を載せることが合理的で学習者向けではないだろうか。

【表3】辞書の前置詞と結びつく動詞

	跟	对	向	给
小2	一起去，商量，在一起，谈，联系，借，打听，比	说，笑，感兴趣，给以答复	看，转，负责，要，请教	来信，去电话，投稿，找，行礼，使眼色
白	一起去，在一起，换，见面，相识，说，离别，学，借，打听	说，信任，做出安排，感兴趣	转，扑，投来眼光，进军，介绍，提出建议，挑战，低头，开炮，借	检查身体，写信，行礼，提意见
讲	一起去，商量，打招呼，请假	表示谢意，笑	走，挥手，学习，借	添麻烦
东	商量，一起去，订合同，比，说，打招呼，开玩笑，要来	点头，笑，低头，负责，感兴趣，信任，投赞成票	看，叫喊，负责，致敬，借，表示	找，当翻译，打电话，行礼
大	来，念，学，宣布，说，要	说	看齐，学习，看，转，负责，借，吸取	写信，打电话，行礼，送去，拿来，看看，当翻译
ク	出去，相识，借，说	感兴趣，鞠躬，瞧了一眼	看，飞去，跑去，道歉，借，点头，表示同意	寄信，送去，检查，擦身子
プ	去，说，借，学	使眼色	请教	去电话，当向导，使眼色
朝	商量，借	感兴趣	走，看齐	做饭，敬礼
学	说，学习，介绍，打招呼，去旅游	点头，表示感谢	爬，学习	帮忙，看病，说，上课
商	去，开玩笑，说，借，商量	表示感谢，屈服，挥手，发脾气，说	看，转，学习，道谢	打电话，鞠躬，道歉，买，当导游，看病

※すべての前置詞"有"＋名詞は表から除外した。
※いわゆる"框式介词"("对〜来说"など)は除外した。ちなみに『朝』以外の辞書はみな、"对〜来说"をあげていた。
※"给"は被害、命令の用例は除外した。
※"跟"は形容詞や比較をあらわす語は除外した。

4. まとめ

　以上、動詞と前置詞とのかかわりを辞書の記述を通してみてきた。母語話者は無意識にその場に応じた前置詞を選べるが、非母語話者はそうはいかない。学習段階の早いうちは、前置詞と動詞の組み合わせを一つ覚えることが大切だが、学習がすすめば、個々の前置詞の機能や相互にどう違うかを知る必要があるだろう。

　また、ここではふれていないが、前置詞フレーズの中には、"从〜到〜"、"从〜起"、"対〜来说"などのように文頭におくことができるものがある。文頭におくことが可能な前置詞は限定的で、"框式介词"を形成している場合が多い。辞書によってはこれを前置詞項目の中に入れず、別に項目をたてているものもあるほどだ。今回は、動詞を前置詞との関係からみてきたが、上であげた前置詞フレーズはすでに動詞との関係は切り離れて用いられており、また別の問題として取り上げるべきなのだろう。

　最後になるが、わたしたちは前置詞に限らず、「辞書の読み方」の向上のために、常に学習者にはたらきかける必要がある。また、今後編まれる辞書はこれらが容易に理解できるようにわかりやすい標示や適切な用例提示を目指さなければならない。

参照文献

［英語文献］

Li and Thompson1981　*Mandarin Chinese A Functional Reference Grammar.* Berkeley, CA. University of California Press

Chao Yuanren1968　*A GRAMMAR OF SPOKEN CHINESE.* Berkeley, CA. University of California Press

［日本語文献］

相原茂 1989「介詞フレーズを含む文の否定」『お茶の水女子大学中国文学会報』第八号 PP142-124

荒川清秀 1977「話法と伝達動詞に関する諸問題」『中国語学』224号:PP9-19

荒川清秀 1995「中国語の状態動詞」『中国語研究論集』3 大東文化大学:PP26-42

荒川清秀 2002「ボイスにかかわる表現」,『日語系教学問題之探討』研討会論文集　台湾銘伝大:PP21-41

荒川清秀 2003『一歩すすんだ中国語文法』大修館書店

雨堤千枝子 1978「動詞"说"述語文の統語意味論的考察」『中国語学』225号:PP20-29

伊地智善継編 2002『中国語辞典』白水社

太田辰夫 1958『中国語歴史文法』江南書院

太田辰夫 1988『中国語史通考』白帝社

香坂順一 1968「"跟""给"の未分化」『人文研究』但し、同 1983『白話語彙の研究』:PP330-335　光生館　再録による。

小西友七 1977『英語前置詞活用辞典　簡約版』大修館書店

佐藤富士雄 1974「"朝""往""向"のあらわす場所・方向とは」(一)－浩然氏の小説《金光大道》の場合－『熊本商大論集』第41号:PP161-196

佐藤富士雄 1978「前置詞"朝""往""向"の機能の差異について」『教育学論集』20集:PP149-182

◇ 参照文献 ◇

田中清一郎 1972『テーブル式中国語便覧』評論社
藤堂明保、相原茂 1985『新訂　中国語概論』大修館書店
中西千香 2002「"対"の意味・機能と文法化（虚化）」『愛知論叢』73号：PP65-88
中西千香 2004a「"対"の動詞性弱化による意味・機能の変化について」修士論文（未刊行）
中西千香 2004b「発話の対象を引き出す前置詞(介詞)について」『中国語教育』第2号 PP34-53
中西千香 2005a「"跟"の意味拡張について-結びつく動詞を通して」『中国語学』第252号：PP210-228
中西千香 2005b「前置詞の意味役割について～"向""対"を中心に～」『日本中国語学会第55回全国大会予稿集』：PP188-192
中西千香 2007「動詞における前置詞選択の契機－"対"と"把"を中心に」『中国語教育』第5号：PP70-84
仁田義雄 1980『語彙論的統語論』明治書院
針谷壮一 1996「介詞の下位分類について」『中国語学』第243号：PP124-133
北京商務印書館、小学館 2002『中日辞典（第2版）』小学館
山崎直樹 2005「入門者向け学習辞典における例文の選択-文型を理解させるための例文という観点から」『辞書のチカラ』：PP133-148 好文出版
宮田一郎・李臨定 1992『文型を中心にした中国語文法演習』光生館
李臨定著／宮田一郎訳 1993『中国語文法概論』光生館

［中国語文献］
北京大学中文系 1955・1957 级语言班编 1982『现代汉语虚词例释』商务印书馆
陈昌来 2002『介词与介引功能』安徽教育出版社
陈军 2002「试析介词"跟""向""对"的重合现象」『中国对外汉语教学学会第七次学术讨论会论文选』：PP221-233 人民教育出版社
陈军 2004「试析"跟/向/对+N+V/VP"组合时的相同和相异现象」『语言文字应用』2004年11月第4期：PP90-96

储诚志 1991「连词与介词的区分－以"跟"为例」『汉语学习』第 5 期:PP17-21

储诚志 1992「与介词"跟"相关的句法、语义问题」『机器翻译研究进展』电子工业出版社。ただし赵金铭主编 1997『新视角汉语语法研究』:PP415-440 再録による。

储泽祥 2004「"对着"的虚化过程及其语法地位」『语言学论丛』第 29 辑:PP278-290 商务印书馆

戴耀晶 1998「现代汉语动作类二价动词探索」『现代汉语配价语法研究』第二辑北京大学出版社:PP132-150

丁声树 1961『现代汉语语法讲话』商务印书馆

狄昌运 1996『怎么说得对？－日本人汉语学习中常见语法错误辨析』北京语言学院出版社

刁晏斌 2004『现代汉语虚义动词研究』大连：辽宁师范大学出版社

范继淹 1982「论介词短语"在＋处所"」『语言研究』1982 年第一期:PP71-86

冯春田 2000『近代汉语语法研究』山东教育出版社

卢福波 1996『对外汉语教学实用语法』北京语言学院出版社

卢福波 2000『对外汉语常用词语对比例释』北京语言文化大学出版社

卢建 2003「影响予夺不明双宾句语义理解的因素」『中国语文』2003.5:PP399-409

傅雨贤・周小兵・李貌・范干良・江志如 1997『现代汉语介词研究』中山大学出版社

高更生・谭德姿・王立廷主篇 1992『现代汉语知识大词典』山东教育出版社

高名凯 1949『汉语语法论』商务印书馆 ※閲覧は 1986 年版

河北师范学院《语文知识词典》编写组编 1985『语文知识词典』河北人民出版社

古川裕 2000「"跟"字的语义指向及其认知解释—起点指向和终点指向之间的认知转换」,『语言教学与研究』2000 年第 3 期:PP37-44

郭方编 1994『现代汉语动词分类词典』吉林教育出版社

黄南松 孙德金主编 2000『HSK 词语用法详解』北京语言大学出版社

侯学超 1998『现代汉语虚词词典』北京大学出版社

蒋冀骋 吴福祥著 1997『近代汉语纲要』湖南教育出版社
金昌吉 1996『汉语介词和介词短语』南开大学出版社
李明 2003「试谈言说动词向认知动词的引申」『语法化与语法研究（一）』
　　:PP350-370　商务印书馆
李子云 1963「关于"对"和"对于"的用法」『中国语文』1963.2:P183
刘丹青 1986「汉语相向动词初探」『语言研究集刊』第一辑:PP17-34 江苏
　　教育出版社
刘月华・潘文娱・故韡 2001『实用现代汉语语法（增订本）』商务印书馆
吕叔湘 1979『汉语语法分析问题』　商务印书馆
吕叔湘主编 1999『现代汉语八百词（增订本）』商务印书馆
吕叔湘・朱德熙 2002『语法修辞讲话』辽宁教育出版社
马真 1988『简明实用汉语语法』（修订本）北京大学出版社
马忠 1960「"对"和"对于"的用法」『中国语文』1960.11:PP384-385
马贝加 2002『近代汉语介词』中华书局
孟琮・郑怀德・孟庆海・蔡文兰编 1984『动词用法词典』上海辞书出版社
曲阜师范大学本书编写组编著 1987『现代汉语常用虚词词典』浙江教育出版社
任鹰 2000『现代汉语非受事宾语句研究』社会科学文献出版社
商务印书馆辞书研究中心编 2000『应用汉语词典』商务印书馆
邵敬敏 1998「"语义价"、"句法价"及其相互关系」『现代汉语配价语法研究
　　（第二辑）』:PP295-307 北京大学出版社
石毓智・李纳 2001『汉语语法化的历程－形态句法发展的动因和机制』
宋玉柱 1980「论"准双宾语句"」『语言研究论丛』第一辑 1980:PP227-237
宋玉柱 1996a「"把"字句、"对"字句、"连"字句的比较研究」『现代汉语语
　　法论集』:PP21-59 北京语言学院出版社
宋玉柱 1996b「四、"介词结构做补语"」:PP147-149『现代汉语语法论集』
　　北京语言学院出版社
陶红印 1987「相互动词及互相动词句」『句型和动词』:PP362-382 语文出版社
万莹 2013『相似介词"X"与"X着/了"比较研究』武汉大学出版社
王还 1984　『"把"字句和"被"字句』上海教育出版社
王还 1992『汉英虚词词典』华语教学出版社

王自强 1984『现代汉语虚词用法小词典』上海辞书出版社

王自强 1998『现代汉语虚词词典』上海辞书出版社

王建勤 1992「介词"对于"的话语功能」『语言教学与研究』1992 年 第 1 期 :PP43-58

吴福祥 2003「汉语伴随介词语法化的类型学研究－兼论 SVO 型语言中伴随介词的两种演化模式」『语法化与语法研究（一）』:PP438-480 商务印书馆

主编扬庆惠 副主编白荃 1996『对外汉语教学中的语法难点剖析』北京师范大学出版社

袁毓林 1995「现代汉语二价名词研究」『现代汉语配价语法研究』:PP29-58 北京大学出版社

袁毓林 1998「汉语动词的配价层级和配位方式研究」『现代汉语配价语法研究（第二辑）』:PP18-68 北京大学出版社

于江 1996「近代汉语"和"类虚词的历史考察」『中国语文』1996 年第 6 期 :PP459-464

玉柱 1988「关于连词和介词的区分问题」『汉语学习』第 6 期 :PP17-18

许维翰・郑懿德 1982『现代汉语常用词语例解』北京语言学院

徐枢 1984「"对"字句几种主要格式」『汉语学习』1984.3:PP1-7

张斌 1998『汉语语法学』上海教育出版社 :PP120-131「动词的"向"部分」

张敏 2000『现代汉语虚词』华东师范大学出版社

张敏主编 2001『现代汉语虚词词典』商务印书馆

张国宪 1995「论双价形容词」『现代汉语配价语法研究』北京大学出版社 :PP59-89

张国宪 1997「"V双＋N双"短语的理解因素」『中国语文』1997 年第 3 期 :PP176-186

张国宪/周国光 1998「索取动词的配价研究」『现代汉语配价语法研究（第二辑）』北京大学出版社 :PP88-103

张国宪 2001「制约夺事成分句位实现的语义因素」『中国语文』2001 年第 6 期 :PP508-517

张谊生 1996「交互类短语与连介兼类词分化」『中国语文』1996 年第 5 期 :PP330-338

张谊生 2000『现代汉语虚词』华东师范大学出版社　第3章:PP86-136
张云秋　2004『现代汉语受事宾语句研究』学林出版社
赵元任 1979『汉语口语语法（A GRAMMAR OF SPOKEN CHINESE)』商务印书馆
朱德熙 1982『语法讲义』商务印书馆
中国社会科学院语言研究所词典编辑室编 2002『现代汉语词典2002年增补本』商务印书馆
中日合作 MMT 汉语生成组编 1994『汉语动词大词典』北京语言学院出版社

［引用文献］
入矢義高・石川賢作訳 1968　『官場現形記：上』平凡社
入矢義高・石川賢作／岡崎俊夫・飯塚朗訳 1969『官場現形記：下・老残遊記・続集』平凡社
李宝嘉著　张友鹤校注 1987　『官場現形記　上・下』人民文学出版社
李泰洙 2003『「老乞大」四種版本語言研究』語文出版社
劉鶚 1973　『老残遊記』香港太平書局出版
文康 1981　『兒女英雄傳』上海書店印行
臧晋叔編 1955 郑光祖『倩女离魂』『元曲選　二　』:PP705-719　文学古籍刊行社
『爱』：飞沙『爱在他乡』
『八』：吕叔湘主编 1999『现代汉语八百词（增订本）』商务印书馆
『白』：伊地智善継編 2002『白水社中国語辞典』
『悲』：曾卓『悲歌』
『别』：邓友梅 1981『别了，濑户内海！』『收获』1981.6
『常』：李晓琪等 1997『汉语常用词用法词典』北京大学出版社
『动』：中日合作 MMT 汉语生成组　编著 1994『现代汉语动词大词典』北京语言学院出版社
『对』：卢福波 2000『对外汉语常用词语对比例释』北京语言文化大学出版社
『法』：『中华人民共和国律师法』
『废』：巴金『废园外』

『惯』：马中林 杨国章主编『汉语惯用语词典』1989 现代出版社
『回』：安顿 2002『回家』北京出版社
『活』：余华『活着』
『寒』：巴金『寒夜』
『汉』：王还主编 1992『汉英虚词词典』华语教学出版社
『还』：郁达夫『还乡后记』
『皇』：陈建功，赵大年 1992『皇城根』 作者出版社
『芨』：鲍昌『芨芨草』
『记』：老舍『记懒人』
『家』：巴金『家』
『绝』：安顿 2001『绝对隐私』北京出版社
『来』：池莉『来来往往』
『兰』：邓友梅 1996『兰英—巴黎城内的山东大嫂』『中国当代作者选集丛书 邓友梅』人民文学出版社
『老』：陈一夫『老夫男娶少妻』
『门』：铁凝『门外观球』
『暮』：石评梅『暮畔哀歌』
『那』：邓友梅 1983『那五』『北京文学』1983.4
『女』：薛海翔 1987『一个女大学生的日记』江西人民出版社
『平』：海岩 2002『平淡生活』华艺出版社
『千』：王朔 1992『千万别把我当人』『王朔文集 4』:PP283-481 华艺出版社
『失』：王三毛 2003『失乐园』现代出版社
『十』：余华『十八岁出门远行』
『实』：刘月华·潘文娱·故韡 2001『实用现代汉语语法（增订本）』商务印书馆
『堂』：残雪『天堂里的对话』
『天』：汪曾祺『天鹅之死』
『玩』：王朔『玩主』
『我』：宁采晨『我把自己的爱情推向了不归路』
　　（http://www.djzc.tv/wenjiao/wanyou/bgl.htm）

『虚』：张敏主编 2001『现代汉语虚词词典』商务印书馆
『学』：丰子凯 1992『学画回忆』『缘缘堂随笔』开明出版社
『星』：巴金『星』
『现』：张斌主编 2001『现代汉语虚词词典』商务印书馆
『现汉』：中国社会科学院语言研究所词典编辑室编 2005『现代汉语词典 第五版』商务印书馆
『夜』：吴伯箫『夜发灵宝站』
『用』：刘川平主编 2005『学汉语用例词典』北京语言大学出版社
『语』：高名凯 1960『语法理论』商务印书馆
『忆』：邓友梅『记忆中的老舍先生』
『应』：商务印书馆辞书研究中心编 2000『应用汉语词典』商务印书馆
『在』：余华『在细雨中呼喊』
『走』：辛北『走出迷惘』
『座』：江苏、陆文『一座坟坑腾出一间房』
『只』：于晴『只想跟你玩亲亲』
『职』：汪曾祺 1996『职业』『矮纸集』长江文艺出版社
『H』：王小宁 2002『HSK 听力惯用语』新世界出版社
『H 详』：黄南松 孙德金主编 2000『HSK 词语用法详解』北京语言大学出版社
『キ』：荒川清秀ほか共著 2002『キャンパスライフ中国語』白帝社
『ク』：松岡栄志編修主幹 2004『クラウン中日辞典』三省堂
『中』：李臨定著／宮田一郎訳 1993『中国語文法概論』光生館
『日』：『日本語文型辞典』2001 くろしお出版
『美』：荒川清秀ほか共著 2003『中国語見たり聞いたり 15 章～美紀の北京探訪』光生館

※西暦、出版社の記載のないものは北京大学現代漢語語料庫の抽出結果によるもの。

【附表】

動詞からみた前置詞のコロケーションリスト

　本リストは、動詞と前置詞の結びつきが可能なものに対して例文とともに紹介するものである。すべてを網羅しているとまではいかないが、今後の参考のためのたたき台として、ここに紹介する。

　ここでは HSK が定める、甲級と乙級の中のうち、前置詞と結びつく可能性のある動詞だけにしぼって、以下のリストを作成した。用例は、『HSK 词语用法详解』、『白水社中国語辞典』を参考に作成し、この２つの辞書に記載されていない例についてはインターネットの検索例または筆者が作文し、いずれもインフォマントチェックを経たものである。

　前置詞 "跟"、"和"、"同"、"与" については、そのうちの一つが表にあれば、いずれの場合も可能性があると考え、例もすべては載せず、いずれかの例とする。

　伝達動詞に複数の前置詞と結びつく可能性があるが、すべての例を載せてはいない。

　また、同じ前置詞の例が複数あるものは、動詞の意味の相違によって載せた。

　mark は以下の通り、

　相互動詞：⇔

　二重目的語をとる動詞：◎

　離合動詞：V/O と表記

级		拼音	mark	介词	例句
	A				
甲	安排	ānpái		把, 由	把工作安排好了再走吧。 一切由你安排，我们没有意见。
乙	按	àn		把	他把我按在地下。
	B				
乙	拔	bá		把, 用	要把反动势力连根拔。 快把火拔一拔！ 应该把好的拔出来。 请你用酒钻子拔瓶塞儿。
乙	包括	bāokuò		把	把你也包括上了。
甲	摆	bǎi		把	等我把桌子摆好了，就把饭菜端进来。 把各方面的意见都摆一摆。
甲	搬	bān		把, 从	你把它搬走了吗？ 从楼上搬下一把椅子来吧。
甲	办	bàn		把	我把手续办好了。 我们把民校办起来。
乙	办/事	bànshì		给	遵照党的指示给群众办事。
乙	帮/忙	bāngmáng		给	我给你帮忙。
乙	保	bǎo		把, 向	一定要把竞赛红旗保住。 父亲在世时，曾经向保险公司保了人寿保险。
乙	保持	bǎochí		对	对他保持不即不离的态度。
乙	保存	bǎocún		把	把这些物品保存下去。
乙	保留	bǎoliú		把	我已经把这个保留下来了。
乙	保证	bǎozhèng		对, 给, 跟, 向	我对他保证以后不再喝醉。 我今天不杀人，我给你保证我不杀。 我跟老师保证上了。 班主任找我谈话时，我向他保证了这次期末考试要考好的，如果没考好怎么办？

甲	抱	bào		把,从	母亲把孩子紧紧地抱在怀里。 她从床上把孩子抱起来了。
甲	报	bào		给	给新生婴儿报户口。
乙	抱/歉	bàoqiàn		对,跟,向	我对这事很抱歉。 他对我抱歉了半天。 他跟我抱歉,说不会有下次了。 第二天早上,我向他抱歉。
乙	报到	bàodào		向	向大会秘书处报到。
乙	报道 (报导)	bàodào (bàodǎo)		关于	关于此事还会报道下去。
乙	报告	bàogào	◎	把,向	他把事情的经过报告了宋武。 向领导报告上了。
乙	背	bēi		把	把行李背好了。
乙	逼	bī		把,从	把他从家中逼出去了。
甲	比	bǐ	⇔	把,跟,用	把工作比做战斗。 您是高才,我哪能跟您比呀! 他用刀比着敌人军官。
甲	比赛	bǐsài	⇔	和	北京队和上海队比赛。
乙	闭	bì		把	你把眼睛闭上。
乙	避	bì		在	我在屋檐下避起雨来。
乙	毕/业	bìyè		从	他是1965年从北京大学毕业的。
乙	编	biān		把,照	把大蒜编成辫子。 把他编在我们班吧。 把全村编成十个作业组。 把故事内容编成剧本。 照这样编下去。
甲	变	biàn		把	把会议厅的设计变了一下儿。
乙	表达	biǎodá		把,向	这些诗句把他同情人民的感情表达出来了。 向这位作者表达了广大读者对他的崇敬之念。
乙	表明	biǎomíng		对	他对这个问题已经表明了自己的态度。

甲	表示	biǎoshì	对,向,用	他用目光对我表示感谢。 我向大家表示感谢。
甲	表现	biǎoxiàn	把	他把自己的感情都表现出来了。
甲	表演	biǎoyǎn	给	我给大家表演了一场好戏。
甲	并	bìng	把	怎么把几个PDF文件全并成一个PDF文件?
乙	捕	bǔ	把,在	把鱼捕上来。 我们每天在河里捕鱼。
乙	补	bǔ	把,给	把这块布补上去吧。 把漏了的字补上。 把时间补回来。 把他补在一队。 给他补身体。
乙	补充	bǔchōng	把	把他补充在外语系运动队。
乙	补/课	bǔkè	给	老师给请假的学生们补课。 英语老师经常给学生补课。
乙	布置	bùzhì	把,给	把小房间布置成书房。 把任务布置给他了。 老师每天给学生布置家庭作业。
	C			
甲	擦	cā	把,用	用抹布把桌子擦干净。
乙	踩	cǎi	把	把地毯踩脏了。
乙	采	cǎi	把,在	他们把煤采出来了。 把果子采在筐里。 他们正在山里采标本。
乙	采购	cǎigòu	把	他把百货商店采购了上万种轻工业商品。
乙	藏	cáng	把,在	你把我的书包藏在哪儿了? 快把东西藏起来。 他在洞里藏着。

乙	插	chā	把,在	我一进门，就把大门插上。 把手插在口袋里。 在班里插两名学生。
甲	查	chá	帮	你能不能帮我查一下有没有这本书？
甲	差	chà	把,比	我把日子记差了。 我比他差得远呢。
乙	拆	chāi	把	先把包裹拆开。 把旧房子拆了。 把零件拆下来。
甲	唱	chàng	把,跟,在	我把嗓子唱哑了。 跟我一起唱歌吧。 他在树上唱歌。
乙	超过	chāoguò	把	很快我就把他超过了。
乙	抄	chāo	把,从	把老师在黑板上写的东西抄下来。 从报上抄下一篇文章。 我们从这边抄过去。
乙	抄写	chāoxiě	把	你把这首诗抄写下来吧。 把这段话抄写进自己的文章。
乙	吵	chǎo	⇔ 把,跟	把孩子吵醒了。 我跟妻子吵了半天。
乙	称	chēng	把	把这包米称一称。
乙	乘	chéng	把	把这几个数乘起来。
甲	吃	chī	把,跟,在	我把肚子吃坏了。 我昨天跟朋友吃晚饭。 我每天在食堂吃午饭。
乙	冲	chōng	把,用	洪水把大坝冲了一个洞。 用这些钱把那笔帐冲了。 用开水冲碗。
乙	重叠	chóngdié	把	把这几张桌子重叠在一起。
甲	抽	chōu	把,从	他从信封里把信抽给他。
乙	愁	chóu	为	又为这件事愁上了。 我从来没为吃穿愁过。

乙	出版	chūbǎn	由	那本书由海洋出版社出版,受到有关方面的重视。
甲	出发	chūfā	从	从上海出发,经过南京,到北京。
乙	出口	chūkǒu	向	中国向国外出口了大批物资。
乙	出生	chūshēng	在	他们一家三代都是在长春市妇产科医院出生的。 有哪些明星是在7月16日出生的?
甲	出现	chūxiàn	从	白马王子将从哪里出现?
甲	除	chú	为	他们为老百姓除了大祸害。
乙	处理	chǔlǐ	把	把次品处理出去。
甲	穿	chuān	把,用	把纸穿个窟窿。 把这些珠子用细铁丝穿起来。 用珠子穿门帘。
乙	传	chuán	◎把,从,给,向	把话一五一十地传给他。 他把自己的手艺都传给儿子了。 老爷爷把枪传给孙子。 从中国传过去。 我经常给他传电话。 请给我们传传你们的经验。 他又向徒弟传起手艺了。
乙	传播	chuánbō	从,在	很多信息都从国外传播进来了。 他的先进事迹正在全国青年中传播开来。
乙	创造	chuàngzào	把	你们终于把人间的奇迹创造出来了。
甲	吹	chuī	把,从	风把门吹开了。 什么风把你给吹来了? 从下层的孔里把热空气吹进去。
甲	刺	cì	把	把肺刺穿了。
乙	催	cuī	用	用化肥催这片高粱。
乙	存	cún	把	他把钱存在银行里。

	D			
乙	搭	dā	把,给,跟	把衣服搭起来晾晾。 把坏的搭到好的中间一起买。 你忙不过来，给你搭个人吧。 我跟他搭桌子。
甲	打	dǎ	把,用	把胡桃打下来。 把鸡蛋打到碗里。 用鼓槌打鼓。
乙	打扮	dǎban	把	他把我打扮成卖香烟的，过了关卡。
乙	打倒	dǎdǎo	把	对方狠狠的一拳就把他打倒在地上。
甲	打算	dǎsuàn	替,为	他总是先替别人打算。 我这样做，完全是为孩子打算。
乙	打听	dǎtīng	跟,向	对不起，跟您打听一件事。 向他打听张老师的地址。
乙	打针	dǎzhēn	给	小王正在给他打针。
乙	呆	dāi	在	我在北京呆过两年。
甲	戴	dài	把,给	他一直把这枚戒指戴在手上。 你给他戴一戴。
甲	带	dài	把,给	天阴了，出门的时候要把雨伞带着。 你路过他家的时候，请给他带一封信。
甲	代	dài	用	用褐煤代无烟煤。
乙	担任	dānrèn	由	这个职务还得由你担任下去。
乙	担/心	dānxīn	为	我真为他担心。 大家都为他担起心来。
乙	挡	dǎng	把,用	用炉挡把火炉子挡起来。
乙	当	dàng	把,拿	别把坏人当好人。 我们拿你不当外人。
乙	当做	dàngzuò	把	工人把工厂当做自己的家。

199

甲	倒	dǎo	把,在	把座位倒一下。 在动物园倒332路汽车。
乙	倒	dào	把,给	把"福"字倒过来贴。 把水倒在缸里。 把一肚子冤屈都倒了出来。 给我倒了一杯茶。
乙	道/歉	dàoqiàn	给,跟,向	我已经跟你道歉了。 他肯定会来给我道歉的。 今天又说错了话,向你道个歉。
甲	得到	dédào	从	从父母那里我得到了一生的财富。
乙	登	dēng	把	把这篇文章登上去。
乙	登记	dēngjì	在,替	在饭店登记。 我替你登记上了。
甲	等	děng	在	你在这儿等我好吗?
乙	等待	děngdài	在	他在废墟中等待救援。
甲	滴	dī	从,往	松脂从树上滴下来了。 汗往下直滴。 往试管里滴点儿油。
乙	递	dì	把,给,向	你把剪刀递给我吧! 给他递个口信吧! 他向我递了个眼色。
甲	点	diǎn	把	把火点上吧。
甲	掉	diào	把,从	把钱包掉了。 把车头掉过来。 苹果从树上掉下来了。
乙	吊	diào	把	把空桶吊下来。
乙	钓	diào	把	把鱼钓上来。
乙	调	diào	把,从	把他调上去。 从北京调来的。
乙	调查	diàochá	把,向	把情况调查上来。 他向这几个同志调查研究。
乙	跌	diē	从	他从台阶上跌下来了。

甲	顶	dǐng	把, 用	把框子顶了出来。 牛把人顶死了。 用头顶上。
乙	定	dìng	把	快把日子定下来吧。
乙	订	dìng	把, 在	把结婚日期订下来吧。 把这一条订进公约。 把这几张也订上去。 我已经在饭店里订了座儿了。
甲	丢	diū	把, 往	敌人把枪丢下跑了。 小孩子往河里掉石子儿玩。
甲	读	dú	把	他把信读给爷爷听。
甲	锻炼	duànliàn	把	我应该把她锻炼成一个具有独立人格的人。
甲	堆	duī	把	把一袋袋的水泥都堆起来了。
甲	对	duì	把, 跟, 用	把两个花瓶对在一起。 娃哈哈可以跟牛奶对在一起喝吗？ 我不应该用那种态度对你。
乙	冻	dòng	把	把剩下的肉冻起来吧！
乙	斗争	dòuzhēng	跟, 为, 与, 在	他们仍跟恶劣的环境斗争着。 我们要为实现这个目标而斗争。 真理总是与谬误斗争而前进的。 他在监狱里英勇不屈地斗争了五年。
乙	逗	dòu	把, 从, 跟	把猫从树上逗下来了。 把她逗哭了。 又跟孩子逗起来了。
乙	独立	dúlì	从	这个州想从国家独立出去。
乙	堵	dǔ	把, 用	把后窗堵上吧。 用泥和砖堵墙上的窟窿。 用毛巾堵上去。
乙	度过	dùguò	在	她下半生在牢中度过。 新年在工作中度过。

乙	渡	dù		把, 从	把旅客渡过河去。 有一只小木船,从海南岛渡过来。
乙	端	duān		把, 给	她已经把锅端进里屋了。 把吃剩下的菜端走吧。 我给你端面来。
乙	断	duàn		把	把这跟木料断为四节。
乙	对比	duìbǐ	⇔	和	和过去生活对比一下。
乙	对待	duìdài	⇔	与	高山与平地对待。
乙	对话	duìhuà	⇔	跟, 和, 同, 与	工人们要跟老板对话。 王同学和李老师对话。
乙	蹲	dūn		在	还要在工厂蹲下去。 大家都忙,我在家里蹲不住。
乙	夺	duó		把, 从	他把钢笔从我手里夺走了。 把枪夺回去。 把钱夺了过去。
	F				
甲	发	fā		把, 向	他把文件发出去了。 向受奖者发了奖。
乙	发表	fābiǎo		把, 在	怎么把自己的小说发表在网络和刊物上? 他在杂志上发表了著作。
乙	发动	fādòng		把, 向	把机器发动起来了。 把群众都发动起来。 向敌人的阵地发动起猛烈的攻击。
乙	发抖	fādǒu		在	她在冷风中直发抖。
乙	发挥	fāhuī		把, 在	应该把大伙儿的积极性发挥出来。 他在文章中发挥了自己的观点。
乙	发/言	fāyán		在	他在会议上发了言。
乙	发扬	fāyáng		把	要把优良作风发扬下去。
甲	发展	fāzhǎn		向	我们该向什么方向发展?
甲	翻	fān		把	你把衣服翻过来。 把书翻到第十页。

甲	翻译	fānyì	把,用	你把这篇文章翻译成中文。 用中文翻译。
乙	反映	fǎnyìng	把,向	把这些问题反映给有关部门。 他向上级反映起问题来。
甲	放	fàng	把	把笼子里的鸟放了。
乙	放大	fàngdà	把	她把声音放大了。 把照片放大。
乙	放弃	fàngqì	把	别把自己放弃了。 不要离开我，别把我放弃。
乙	放/心	fàngxīn	对	我对这种人不放心。
甲	飞	fēi	从,往	从北京飞往上海。 飞机往东飞。
甲	分	fēn	把	把面包分给妹妹。 把这个任务分给我吧。
乙	分别	fēnbié	⇔ 把,跟	把不同的情况分别出来。 他跟妻子分别了好长一段时间。
乙	分配	fēnpèi	把	生产队把收获的农作物分配给社员。 学校把他又分配回去了。
乙	分析	fēnxī	把,对	应该把问题认真分析一下。 对这篇文章分析得很对。
乙	吩咐	fēnfù	向	他向孩子吩咐了几句。
乙	奋斗	fèndòu	为	他们为国家的独立奋斗过。
乙	缝	féng	把,给	把钮扣缝在衬衣上。 医生给我缝了几针。
乙	扶	fú	把,从	护士把老人扶了进来。 把老人从地上扶起来。
乙	符合	fúhé	⇔ 跟,与	我实验的结果跟他算出来的符合。 情节与事实完全符合了。
乙	浮	fú	在	教师节在回忆中浮上。
甲	复习	fùxí	把	我把昨天学的生词复习了一遍。
甲	负责	fùzé	对,由	每一项工作要对人民负责。 要对自己的人生负责。 这里的工作由你负责。

乙	复述	fùshù		把	把传言复述一遍。
乙	复印	fùyìn		把	把文件复印三份。
乙	付	fù		把,给,替	把钱付给售货员。 他给我付起房租来。 他替我付上钱了。
	G				
甲	改	gǎi		把	要把文件名改成什么啊？
甲	改变	gǎibiàn		把,由	我想把自己的性格由内向改变为外向
乙	改造	gǎizào		把	把旧中国改造成了繁荣昌盛的新中国。 把他们改造过来，使他们重新作人。
乙	改正	gǎizhèng		把	把文章中的错字改正过来！
乙	干／杯	gānbēi	⇔	跟,为	跟你干一杯。 为我们的友谊干杯。
甲	感到	gǎndào		对,对于	我对于我的婚姻感到很迷茫。
乙	感动	gǎndòng		把	这本小说把他感动得流眼泪了。
乙	感激	gǎnjī		对	我对他很感激。
乙	赶	gǎn		把,往,在	把他赶过去了。 把作业赶完了。 他骑着自行车飞似地往家赶。 你在前面走，我在后面赶。
甲	搞	gǎo		把	我们一定把它搞成功。
乙	告	gào		把	受害人已经把他告了。
甲	告诉	gàosu	◎	把	我把事实告诉大家了。
乙	告／别	gàobié	⇔	跟,向	我去跟小王告别一下。 我向大家告别来了。
甲	给	gěi	◎	把	把钢笔给我。
乙	搁	gē		把	你把这些钱先搁起来吧。 把西瓜搁在冰箱里。

乙	割	gē	把,在	把手割破了。 把草割在筐里。 一个人在地里割起麦子来。
乙	革/命	gémìng	在	他们在山区革命一辈子。
乙	隔	gé	把	把一间屋子隔成了两间。
甲	跟	gēn	在	你先走,我在后面跟着你。
甲	工作	gōngzuò	在	你现在在哪里工作?
乙	供	gōng	◎ 给	又给他们供起水来。
乙	公开	gōngkāi	把	他把这件事公开出来了。
乙	贡献	gòngxiàn	把,为	把毕生精力贡献给科学事业。 要把自己的一生贡献给社会主义建设。 为伟大的事业,贡献一份力量。
乙	构成	gòuchéng	由	山是由岩石构成的。
甲	够	gòu	把,给	请把书架上的汉日词典给我够下来。
甲	刮	guā	把	风把树都刮倒了。
甲	挂	guà	把	把地图挂在墙上。
甲	关	guān	把	把窗户关上了。 他把狗关起来了。
甲	关心	guānxīn	对	邻居对他们特别关心。
乙	关照	guānzhào	对	他对我处处都很关照。
乙	观察	guānchá	用	必须用科学的方法观察问题和解决问题。
乙	管	guǎn	把,由,在	一定要把孩子管好。 组织参观的事由他管。 我哥哥在工厂管仓库。
乙	贯彻	guànchè	把	把这些方针政策彻底贯彻下去。
甲	广播	guǎngbō	把	先别把这个消息广播出去。
乙	逛	guàng	在	在西安逛了三天。
乙	鼓舞	gǔwǔ	把	把大家的情绪鼓舞起来了。

乙	鼓/掌	gǔzhǎng	给，为	给小演员们鼓掌。 为他们的精彩演出鼓掌。
乙	规定	guīdìng	给，在	他们给我们规定出来了活动范围。 对妇女在社会平等地位，在宪法中规定下来。
乙	滚	gǔn	从，给，在	一块石头从山上滚下来。 你给我滚出去！ 她在袖口上滚了一条花边儿。 铅笔在桌子上滚下去了。
甲	过来	guòlai	从	火车从桥上过来了。
乙	过/年	guònián	跟，在	不能跟宝宝一起过年。 要到春节了！大家都准备在哪里过年？
甲	过去	guòqu	从	汽车刚从门口过去。
	H			
甲	喊	hǎn	把	快把小王喊上来。
乙	号召	hàozhào	把	把全厂职工都号召来了。
甲	喝	hē	把，在	把药全都喝过去吧。 我和我的朋友在餐厅喝酒。
乙	合	hé	把	把书合上。 明天听课的人很多，得把两个教室的桌子合在一起才够用。
乙	合作	hézuò	⇔	跟	我跟大家合作得很好。
乙	恨	hèn	把，对	他把心一恨，径自走了。 我对她恨得咬牙切齿。
甲	花	huā	把，为	我把挣的钱都花光了。 为他花了不少心血。
乙	划	huá	把，从，用	快把船划过来。 把船划到岸边。 小船从对面划过来了。 用手划水。

乙	滑／冰	huábīng	在	你喜欢在滑冰场滑冰吗？
乙	化	huà	把	把冰块化开。
甲	画	huà	把， 往， 在	你快把这儿的景色画下来。 往画布上画吧。 他在墙上画了个记号。
乙	欢送	huānsòng	把， 从	我们把毕业生欢送走了。 从早上就欢送起来了。
甲	欢迎	huānyíng	对	我们对你很欢迎。
甲	还	huán	◎ 把	快把书还回去吧。
甲	换	huàn	⇔	把， 跟， 用	把你的刀子跟我换一换。 我跟弟弟换了书包。 我们用粮食换机器。
甲	回	huí	把	把礼物都回了。
甲	回答	huídá	对	别人向你表白，你不喜欢他，怎样对他回答？不使对方伤心。
甲	回来	huílái	从	他明天从美国回来。
甲	回去	huíqù	从	他明天从上海回日本去。
乙	挥	huī	把	他把长长的鞭子挥过来挥过去。 他把手一挥就走了。
乙	回／信	huíxìn	给	他会给我回信吗？
乙	回忆	huíyì	把	老王希望把当时的情况详细地回忆出来。
甲	会	huì	同	你可以同他会一会。
甲	会话	huìhuà	用	他还不能用汉语会话。
乙	会见	huìjiàn	⇔	和， 在	政府首脑和日本代表团会见。 这次我在日本会见了两位文化界的朋友。
乙	会谈	huìtán	⇔	跟	这位总理曾多次跟该国总统会谈。

乙	混	hùn	把,和,往	别把好的坏的混起来。 别把旧的混在里边。 好的和坏的混在一起了。 他往酒里混了些橘子汁。
甲	活	huó	由于	他由于患了癌肿就不活了。
甲	活动	huódòng	把,在,向	先把四肢活动开。 游击队在这一带活动。 为了给儿子找工作,她在向有关部门活动。
乙	活跃	huóyuè	用	用各种方法把会场活跃起来。
乙	获得	huòdé	在	她们在本届世界锦标赛中获得了亚军。
J				
甲	集合	jíhé	在	学生们在学校门口集合。
乙	集中	jízhōng	把,从,向	把许多事务集中到中央手里。 应该把时间集中起来。 大家从四面八方向广场集中着。
甲	挤	jǐ	把	别把老太太挤倒了。
甲	寄	jì	把	我把词典寄给她了。
甲	记	jì	把,在	把这话记在心里。 把地址记在手册上。 她不停地在本子上记着什么。
乙	记录	jìlù	把,在	把他的地址记录在小本子上。 他在日记中记录下了这些事。
乙	纪念	jìniàn	用	人们用各种形式纪念起秋瑾来。
甲	继续	jìxù	在	国际会议在北京继续了三个星期。
乙	计算	jìsuàn	把,在	应该把这些时间也计算上去。 没有把人民的干劲计算进去。 老王一个人在那儿计算上了。

乙	夹	jiā	把, 从, 给, 用	我把书夹在腿中间儿。 把铁块儿从火上夹下来。 奶奶给小孙女夹过来一个丸子。 用筷子把它夹上来。
甲	加	jiā	按, 把, 给, 往	按这个比例加下去。 你把这几个数字加起来。 给汽车加油。 上级又给我们加起人来了。 她往锅里加进去不少水。
乙	加工	jiāgōng	按, 把, 给, 往	按这个比例加下去。 把这几个数加起来。 再把这些加上去就够了。 上级又给我们加起人来了。 他往锅里加进去不少水。
乙	加强	jiāqiáng	对	我们对青年人加强了教育。
乙	加以	jiāyǐ	把, 对	把整个过程加以总结。 对于任何问题都要加以具体分析。
甲	架	jià	把	把天线架在屋顶上。
甲	检查	jiǎnchá	对	现在加拿大机场对行李检查得很严格吗?
乙	拣	jiǎn	把, 从	他把废纸拣进筐里。 把球拣给他们。 老板从中拣出来三个好看一点儿的姑娘。
乙	捡	jiǎn	把	我刚扔出去,你怎么又把它捡回来了呢? 把砖头捡到筐子里。 把球捡给他。
乙	剪	jiǎn	给	她给我们剪过好几次鞋样。
乙	减	jiǎn	把, 从	一定要把多余的人员减下去。 这笔费用应当从生产成本中减出来。

乙	减少	jiǎnshǎo		把	灾难已经发生，我们只能向前看，把损失减少到最低程度。 什么方法能把腿上的肌肉减少？
甲	见/面	jiànmiàn	⇔	跟	我跟小王只见过一回面。
乙	建	jiàn		把，在	把工厂建到山里。 在山里建上工厂了。
乙	建立	jiànlì		跟	我国跟美国建立了外交关系。
甲	建设	jiànshè		把	把中国建设成一个繁荣昌盛的社会主义国家。
乙	建议	jiànyì		向	他又向上级建议上了。
乙	建筑	jiànzhù		把，在	别把自己的幸福建筑在别人痛苦上。 青海人民在党的领导下建筑了防风林带。 那时候的国王在这里建筑了自己的宫殿。
甲	讲	jiǎng		把，对，给，跟，向	他把灭火器的使用方法讲给我听听。 把你想到的都讲出来吧。 他对我讲了他和他爱人的故事。 他给我讲团章。 他跟我讲他不去了。 他向大家讲起了自己的往事。
乙	讲话	jiǎnghuà		对，给，跟，为，向，在	他向大家讲话。 局长在台上也讲了一番话。
乙	奖	jiǎng		把	把金杯奖给他们。
乙	降	jiàng		把	把SARS影响降到最低点。 经过一番努力，终于成功地把雨降在距离北京约80公里的外围。
乙	降低	jiàngdī		把	应该把速度降低下来。 别把自己的任务降低。

甲	交	jiāo		把	你把这封信交给他吧。
乙	交换	jiāohuàn	⇔	把,跟	两个人把座位交换了。 我跟他交换了座位。
乙	交流	jiāoliú	⇔	跟	我跟他交流了很长时间。
甲	教	jiāo		把	把知识教给学生。
甲	教育	jiàoyù		把,对	把犯错误的人教育过来。 我们学校对学生教育得还不太好。
甲	叫	jiào		把,管	父亲把儿子叫到自己前边。 他们管拖拉机叫铁牛。
乙	叫做	jiàozuò		把,管	北京人管蕃茄叫做西红柿。
甲	接	jiē		把,从	把两条电线接在一起。 我把妈妈接来住几天。 从院外接来一根电线。
乙	接触	jiēchù	⇔	和	他很少和别人接触。
乙	接待	jiēdài		照	应该照现在的样子接待下去。
乙	接见	jiējiàn		在	我们国家的领导人在这儿接见起代表团成员来。
乙	接近	jiējìn	⇔	跟	他跟这些孩子接近上了。
乙	节省	jiéshěng		给	工厂由于展开了增产节约运动,给国家节省了很多原料。
乙	节约	jiéyuē		为	我们应该为国家节约外汇。
乙	结合	jiéhé		把	把这两者结合在一起。 把理论和实际结合起来。
乙	结/婚	jiéhūn	⇔	跟	我下个月要跟他结婚了。
乙	解	jiě		把,从	把腿上的纱布解下来。 老汉从树上解下来两根麻绳。
乙	解答	jiědá		对,在,针对	张老师在路上解答上学生的问题了。 针对这个问题,王厂长耐心地解答起来。

乙	解放	jiěfàng	把,从	把妇女从家务劳动中解放出来。
甲	解决	jiějué	把	他把厂里的老大问题全部解决了。 我们把敌人全部解决了。
乙	解释	jiěshì	把,对,给,跟,向	把国家的政策向群众解释清楚。 技术员向大家解释起构造原理来了。
甲	借	jiè	从,跟,向	我从图书馆借了一本书。 他跟女朋友借起钱来。 我向图书馆借书。
甲	介绍	jièshào	把,给,向	把来宾介绍给大家。 我给大家介绍一下我们公司。
甲	紧	jǐn	把	把绳子紧一紧。
甲	进	jìn	向	通过这次访问,我们两国的关系又向前进了一步。
甲	进来	jìnlái	从	从外边进来了一股冷风。 他从后门进来了。
甲	进去	jìnqù	从	从这儿进去吗?
甲	进行	jìnxíng	对	现在我们对这个问题进行讨论。
乙	进攻	jìngōng	向	我军向敌人阵地进攻。
乙	进化	jìnhuà	从	人类从猿进化到人,经历了一个漫长的时间。
乙	进修	jìnxiū	在	我在师范大学进修英语。
乙	救	jiù	把,从	把他从水里救上来。 大夫把他救过来了。
乙	就	jiù	往	往前就一就身子。
乙	敬礼	jìnglǐ	给,向	给首长敬礼。 向老师敬礼。
甲	举	jǔ	把	把石头举起来。

乙	举行	jǔxíng	在	我们打算在夏威夷举行婚礼。 两国领导人在友好的气氛中举行了会谈。
乙	卷	juǎn	把	把画儿卷起来。
K				
甲	开	kāi	把	你把窗户开开。
乙	开放	kāifàng	为了	为了活跃城乡经济，自由市场普遍开放。
乙	开/会	kāihuì	给， 关于， 替， 在	给大家开个会。 我们关于这一问题开了三次会。 替别人开会。 我们这次在北京开会。
乙	开/课	kāikè	给	给研究生开这门课。
乙	开辟	kāipì	给	他给文学艺术开辟了一个广阔自由的天地。
甲	开始	kāishǐ	从	我一定从明天开始减肥！
甲	开/玩笑	kāiwánxiào	跟	你别跟我开玩笑了。
乙	开演	kāiyǎn	在	央视《中华情》将于2007.07.28在海阳海滨广场开演。
乙	开展	kāizhǎn	在	中共中央在全党开展保持共产党员先进性教育活动。
乙	砍	kǎn	把	你把竹子砍下来。
甲	看	kàn	把， 从， 对	你把什么事情都看得那么容易。 从这儿看长城看得很清楚。 你对这件事怎么看？
甲	看病	kànbìng	给	他正在给病人看病。
乙	扛	káng	把， 帮	他帮我把行李扛走了。

乙	考虑	kǎolǜ	把	把这个问题考虑进去。
乙	烤	kǎo	把，用	请问在西藏怎样才能把蛋糕烤好？ 用烤面包器烤面包。
乙	靠	kào	把，往，向	把拐杖靠在木桩上。 把身体靠到沙发上。 往这边靠靠。 向左边靠一靠吧。
甲	刻	kè	把，用	他把这块象牙刻成一条大船。 我们把题词刻在大理石上。 用石头刻了一尊佛像。
甲	客气	kèqi	跟	你跟我还客气什么呀。
乙	控制	kòngzhì	把	把电台控制起来。
乙	扣	kòu	把，用	把扣子扣上。 把门扣严了。 把杯子扣在桌子。 把这个部分扣下去。 用这个大碗扣菜吧。
乙	捆	kǔn	把	把两个行李捆在一起。
乙	扩大	kuòdà	把，为了	他们把自留地扩大了一倍。 为了准备战略反攻，要扩大主力部队。
	L			
甲	拉	lā	把，从	把抽屉拉出来。 把那个落水的人从水里拉上来了。
甲	来	lái	从	你从哪儿来的？
乙	拦	lán	把	他把汽车拦住了。
乙	烂	làn	把	把肉煮得烂烂儿的。
乙	朗读	lǎngdú	给	我给孩子朗读故事《孔融让梨》、《哪吒闹海》和《宝莲灯》三首故事。
乙	捞	lāo	把，从	把饺子捞起来放到盘子里。 我想把钱捞回来。 从小河里捞上来很多虾。

乙	离/婚	líhūn	⇔ 跟	我最近跟她离婚了。
乙	理解	lǐjiě	对	对这个问题的真正意义不能一下子理解透。
乙	立	lì	把	把碑立出去。
乙	联合	liánhé	⇔ 把,跟	把大家联合起来。 跟他们联合起来了。
乙	联欢	liánhuān	跟,在	他们班在除夕跟毕业班联欢。
甲	联系	liánxì	⇔ 跟	你跟他联系好吗？
乙	连	lián	把	把两个句子连起来。
乙	恋爱	liàn'ài	跟	你顶好跟她恋爱。
乙	练	liàn	把	一定要把发音练好。
乙	量	liàng	把,从	医生把她的体温量了量。 从那儿量下来。
乙	聊	liáo	⇔ 跟	喝杯酒跟你好好聊。
乙	聊/天儿	liáotiānr	⇔ 跟,在	我常常跟她聊天儿。 你们在这儿聊开天了。
甲	了解	liǎojiě	把,对,向	要把敌人的情况了解清楚。 他对中国的习惯都了解。 我向他们了解他们的风俗习惯。
乙	列	liè	把	把会员名单列出来。 把生产劳动列为正式课程。
乙	领	lǐng	把	把客人领到餐厅去吧！ 把配件全领出来。
甲	领导	lǐngdǎo	由	由你领导生产。
甲	留	liú	把,在	他把书都留在我这里了。 我在那儿又留了几天。
甲	流	liú	往	河水往东流去。
乙	漏	lòu	把	把机密漏出去了。 把他的名字给漏下了。
乙	录	lù	把	把课文录下来。
乙	录/像	lùxiàng	给	电教馆派人来给李老师的课录像。

甲	录/音	lùyīn	给, 为	给他录音。 为这篇文章录音。
甲	旅行	lǚxíng	在	考察团在欧洲旅行了三个月。
乙	落	luò	把, 在	把帘子落下去。 把帘子落到底。 鸟儿在树上落着。
M				
乙	骂	mà	把	把他骂了一顿。
乙	埋	mái	把, 在	把东西埋起来。 在这里埋下我的秘密。
甲	买	mǎi	把, 给, 替, 在	我把明天的早饭都买好了。 我给你买了一本小说。 我替他买书。 这么漂亮的衣服在哪儿买的?
乙	迈	mài	把	把右脚迈上去。
甲	满	mǎn	把	把酒杯满上了。
甲	满意	mǎnyì	对	对自己的成绩很满意。
乙	满足	mǎnzú	对	对取得的成绩很满足。
乙	冒	mào	往	水在往外冒。
乙	描写	miáoxiě	把	把它描写下来。
乙	灭	miè	把	把火灭下去了。 楚国把小国灭了。
乙	明确	míngquè	把	你应该把这个问题再明确明确。 把目标明确下来。
乙	摸	mō	顺着, 在	两个人顺着声音摸过去。 战士们在森林中摸了半夜。
乙	磨	mó	把, 跟	把这个部分磨下去。 这种病把人磨成这个样子。 他不答应,你就跟他磨。
N				
甲	拿	ná	把	他把帽子拿在手里。
乙	闹	nào	为了	为了一点小事就闹起来了。

甲	念	niàn	把	你把报纸念给我听听。
乙	扭	niǔ	把	他把头扭过来了。 把铁丝扭断了。 把西红柿扭下来了。 把小偷扭送派出所。
乙	弄	nòng	把	请你把屋子弄一弄。
乙	暖	nuǎn	用	用自己的体温暖一暖孩子。
	P			
甲	爬	pá	从, 往, 在	青蛙从水里爬出来了。 蛇往洞里爬。 孩子在床上爬。
甲	怕	pà	对	我对蟑螂怕得咬牙切齿。
甲	拍	pāi	在	主任在我的肩膀上拍了一下。 请你把周围的景色拍进来。 他把鲁迅的小说拍成电影。
乙	排	pái	把, 给	把椅子排整齐。 把污水排进河里。 你给我排代表团成员的名单。
甲	派	pài	把	你就把我派去吧,保证完成任务。
乙	盼望	pànwàng	把	终于把好日子盼望来了。
甲	跑	pǎo	从, 在	他们从学校门前跑过去了。 人们在马路上跑着。
乙	赔	péi	把	把钱都赔进去了。
乙	配合	pèihé	⇔ 和	民兵和正规部队紧密配合。
乙	喷	pēn	把, 给	他一笑把嘴里的水都喷出来了。 把药水喷进去。 给花喷点水。
乙	捧	pěng	把	他把奖杯捧在手里。 别把孩子捧上天。
甲	碰	pèng	把, 在	我把椅子碰翻了。 我的腿在门上碰了一下。
乙	碰见	pèngjiàn	⇔ 在	我在路上碰见老师。
乙	披	pī	把	把衣服披回来了。
乙	骗	piàn	把	把他骗进去。

乙	飘	piāo	从	落叶从树枝上飘下来了。 乌云从头顶上飘过去。 一股香味从窗口飘进来。
乙	拼／命	pīnmìng	跟	跟敌人拼命。
乙	平均	píngjūn	把	把这些数目平均一下。 把双方力量平均一下。
甲	破	pò	把， 用	把那块厚板子破成两半。 把这张十块钱票子破成十张一块的。 用大锯破过木头。
乙	破坏	pòhuài	把	一颗原子弹就把一座城市破坏了。
乙	扑	pū	向	老虎向山羊扑去。
乙	铺	pū	把， 往	把土铺上去。 把台布铺在桌子上。 往地上铺了一层沙子。
	Q			
甲	骑	qí	把	他把车骑出去了。
甲	起	qǐ	把， 帮	把图钉起下来。 请你帮我起这个钉子。
甲	起来	qǐlái	在	他在床上起来坐了一会儿。
乙	启发	qǐfā	用	老师用生动的语言启发学生的思维。
乙	牵	qiān	把，	把牛牵进牛棚里去了。 把小羊牵走了。
乙	前进	qiánjìn	向， 在	全国人民正在向新的胜利前进。 小汽艇在湖水上缓缓前进。
乙	强调	qiángtiáo	对	老师对我们强调复习。
乙	抢	qiǎng	把， 从	把父母的遗产抢到自己的手里。 猴子从我手里把花生抢走了。

乙	敲	qiāo	用	别用手敲桌子。
乙	瞧	qiáo	往	他往里头瞧了两眼。
乙	切	qiē	把	我把蛋糕切好了。
乙	清	qīng	把	把桌子上的书清一下。
甲	请	qǐng	把	把老师请到家里来教。
甲	请／假	qǐngjiǎ	拿，跟，向	拿什么理由跟辅导员请假比较好？ 开学后，怎样向学校请假两周？
乙	请求	qǐngqiú	向	向站长请求！
甲	取得	qǔdé	和	我们和他取得了联系。
乙	求	qiú	把	请你把得数求出来。
乙	区别	qūbié	把	把这两种现象区别开来。
乙	取	qǔ	把，从	把电灯泡取下来。 从墙上取下匾额了。
乙	劝	quàn	把，从	我把他从外边劝回家来了。
乙	缺乏	quēfá	对	对他们的生活感情缺乏理解。
	R			
乙	染	rǎn	把	他把头发染上了。
乙	嚷	rǎng	跟，在	你跟我嚷也没用，这是规定。 你在这儿嚷什么？
甲	让	ràng	把，向	家里太脏，我不好意思把他让进来。 他热情地向大家让开酒了。
乙	绕	rào	把，从，用，在	这个难题把他也绕进去了。 这里有水，从那边绕过来。 用绳子在木棍上绕了五圈。 我在公园绕了一圈。
乙	惹	rě	把，在	我把他惹翻了。 他又在外面惹上祸了。

甲	热	rè		把	把汤热一热。
甲	认识	rènshi	⇔	跟, 在	我是去年跟他认识的。 你们在哪儿认识的？
乙	扔	rēng		把, 从	把钥匙从阳台上扔下来吧。

S

乙	撒	sā		把, 从, 往, 向, 在	把笼子里的鸟撒了。 把传单撒下来。 从楼上往下撒起传单来。 向空中撒去。 我在这条街撒过传单。
乙	洒	sǎ		把, 从, 为了	把香水洒上去。 把农药洒在了树上。 把油洒进锅里。 水从车上洒下来了。 为了革命洒尽了鲜血。
乙	赛	sài	⇔	跟	我跟你赛本领。
乙	扫	sǎo		把, 往, 向, 用	把屋里扫一扫。 快把身上的雪扫掉吧。 往他那儿扫了好几眼。 用眼睛向四周扫了半天。
甲	散/步	sànbù		在	那天，我在太湖边散步。
乙	杀	shā		把	我把他杀死了。 把暑气杀一杀。
乙	晒	shài		把, 在	太阳把秧苗晒黄了。 孩子们在沙滩上晒太阳。
乙	闪	shǎn		把, 从, 往	我把腰闪了。 他从旁边闪过去。 他差点儿从车上闪下去。 请往旁边闪一闪。
乙	伤心	shāngxīn		为	我为他伤心。 为这件事伤心。
乙	商量	shāngliàng	⇔	跟	我正跟他商量这事。

甲	上	shàng	把,从,给,往	你把刺刀上上。 演员从旁门上。 他给他的上司上了一个报告。 他正给卡车上着油呢。 往搅拌机里上点水。
乙	上当	shàngdàng	在	我在上海曾上过两回当。
甲	上／课	shàngkè	给,在	王老师在给孩子们上课。 今天这么巧啊,你也在二号楼上课?
甲	上来	shànglái	从	从山下上来了几个人。
甲	上去	shàngqù	从	从这儿上去吗?
乙	烧	shāo	把,在	把衣服都烧糊了。 把水烧开了。 在火篝上烧野鸡。 她在厨房烧着茄子。
乙	射	shè	把,从,向,用	把球射进球门里去。 水从龙头里射了出来。 向我射来。 用猎枪射着一只麻雀。
乙	伸	shēn	把	把手伸给我。 把头伸到窗外。
乙	升	shēng	把	把队旗升上去了。
甲	生	shēng	把,在	把炉子生上。 他是在北京生的。
甲	生活	shēnghuó	和,在	她和爷爷一起生活过几年。 你在韩国生活过吗?
乙	生／气	shēngqì	跟,为	你别跟他生气。 别为这件事生气。
乙	生长	shēngzhǎng	从	他从小时候生长在农村。
乙	省	shěng	把	我把钱省出来买书。
甲	剩	shèng	把	请不要把我剩下。
乙	失望	shīwàng	对	我对儿子失望了。

甲	拾	shí	把,在	我把钱包拾起来了。 我们在海边拾着不少鱼和小蟹。
乙	使	shǐ	把	把这笔钱使在关键的地方。
甲	实现	shíxiàn	把	每个人都有过飞行的梦想,我要把它实现。
乙	适应	shìyìng	对,同	客人们对这里的气候慢慢地适应起来。 支出必须同收入相适应。
乙	适用	shìyòng	对	这本词典对我们很适用。 这种化妆品对油性皮肤的女性很适用。
甲	收	shōu	把	把衣服收在衣柜里。 把大家送的东西都收下来吧。
甲	收拾	shōushí	把,给,在	把屋子收拾收拾吧。 你给她收拾收拾收音机。 王师傅在院子里收拾起她的自行车了。
甲	输	shū	把,给	把那个水库的水输过来。 护士给他输了五百毫升葡萄糖。
乙	熟悉	shúxī	对	他对工作还不熟悉。 我对这个地方慢慢儿熟悉起来了。
甲	数	shǔ	把,从(~往)	先把她要的数出来。 你重新从头数数。 从东往西数。
乙	刷	shuā	把,从,往	把这些白灰刷上去。 从墙上刷下来不少土。 往家具上刷油漆。
乙	摔	shuāi	从	他从树上摔下来了。
乙	甩	shuǎi	把	他把鞋甩出去了。

乙	率领	shuàilǐng	由	这支部由他率领。
甲	说	shuō	把,对,给,跟,向	我对她说意见。 请你把道理说清楚。
甲	说明	shuōmíng	把,对,给,跟,向	我对她说明过一次理由。 你把理由说明一下。
乙	撕	sī	把,从,给	把纸撕碎了。 他从本子上撕下一张纸来,写了几个字。 给顾客撕出来两块布。
甲	死	sǐ	把	她去年把个独生子死了。
甲	送	sòng	把,给	把卫星送向太空。 把她送进车站。 把病人送往医院。 你给她送东西行吗?
乙	松	sōng	把	把领带松一松。
乙	送行	sòngxíng	给,为	到机场给朋友送行。 朋友们为他俩送行。
甲	算	suàn	把	会计把上月的帐目算好了。
乙	碎	suì	把	把茶碗碎了。
乙	缩	suō	把	把身子缩起来。
	T			
甲	抬	tái	把	请把担架抬上车吧。
甲	谈	tán	把,对,跟	把心理的话谈出来吧。 我想尽量让她多了解我,所以我对她谈了我的恋爱史。 我跟她谈了一个晚上。

乙	谈/话	tánhuà	⇔ 跟	老师跟家长谈话。
乙	弹	tán	把	把烟灰弹到灰缸里去。
乙	探	tàn	把	把头探在外面。
甲	躺	tǎng	在	我在床上躺了快四个小时了,但睡不着。
乙	烫	tàng	把	开水把手烫了一个大泡。
乙	掏	tāo	把,从,在	我不是坏人,我愿把心掏出来给你看。 他从口袋里掏出了一张照片。 在墙上掏一个洞。
乙	逃	táo	从	他从敌人监狱里逃出去了。
甲	讨论	tǎolùn	⇔ 对,跟,在	我们对这个问题讨论讨论。 我跟他们讨论了很长时间。 这个问题我们在回程的车上讨论了半天。
乙	套	tào	把,和,往,用	把花环往脖子上套。 我想和我们单位的采购员套关系。 用塑料套儿把洗衣机套起来。
甲	踢	tī	把	如果你的男朋友不结婚,把他踢了吧!
甲	提	tí	把	你快把鱼提到厨房去吧。
乙	提倡	tíchàng	把	把这种精神提倡起来。
甲	提高	tígāo	把	应该把考试分数提高上来。 我想把自己的汉语水平提高上去。
乙	提前	tíqián	把	把晚饭提前到下午吃对减肥有没有帮助?
乙	替	tì	把	五号上去把八号替下来了。
乙	添	tiān	把	把水添进锅里去。

乙	填	tián	把, 给, 往, 用, 在	把坑填平。 给鸭子填食。 往坑里填土。 用鸭绒填枕心。 在空格里填上适当的词语。
乙	挑	tiāo	把, 给, 在	把他挑到国家队去了。 我把两捆柴火给大娘挑去。 他在商店里挑着衣服呢。
乙	调整	tiáozhěng	把	把关系调整过来。
甲	跳	tiào	从	青蛙从草丛中跳出来了。 从冬天跳到了夏天。
甲	跳／舞	tiàowǔ	跟	我想跟她一起跳舞。
乙	贴	tiē	把	把信封儿贴上邮票丢进邮筒。 他把脸贴着枕头。
甲	听	tīng	把, 从	我把她的意思听错了。 这件事，她从她妹妹那儿听来的。
甲	停	tíng	在	师傅，在这儿停一下。
甲	通	tōng	把, 跟	把下道水通一下。 跟她通个电话。
甲	通知	tōngzhī	把	你把地址通知给我。
乙	同情	tóngqíng	对	我对他很同情。
乙	偷	tōu	把	那个孩子把家里的东西都偷出来卖了。
乙	投	tóu	把, 向	他把球投进篮里去。 如何向报社投文章？
乙	透	tòu	把	别把我们的计划透出来。
乙	突击	tūjī	向	向敌人阵地突击。
乙	涂	tú	把, 往, 在	我把白浆涂在墙上。 他把墙上的字涂了。 往墙上涂了几个字。 别在墙上乱涂。

乙	吐	tǔ	把,往	别把痰吐在地上。 他往手心上吐了几口唾沫。
乙	吐	tù	把	他把刚喝下去的中药全吐出来了。 他把赃款都吐出来了。
甲	团结	tuánjié	把,跟	把大家团结起来。 把她团结过来。 我们要跟他们团结起来。
甲	推	tuī	把,给,用	我们把自行车推走吧。 他给孩子推了个平头。 用刨子把木板推光了。
乙	推动	tuīdòng	把	把这项工作推动起来。
甲	退	tuì	把,往	我想把货退给商店。 我往后退了一步。
甲	脱	tuō	把	把鞋脱下来吧。
乙	托	tuō	把	把孩子托给他。
乙	脱离	tuōlí	与	与实际生活脱离开来。
	W			
乙	挖	wā	把,从,在	把土都挖出去。 从地里挖来一筐土豆。 检查错误要从自己思想上挖根。 谁在墙上挖了一个洞？
乙	歪	wāi	把	她故意把头歪在一边。
乙	弯	wān	把	把铁丝弯过来。 她把两个好看的嘴角弯上去了。
甲	玩儿	wánr	把,跟,在	先把这盘棋玩儿下来再说。 小猫跟老猫玩儿。 我们在公园玩儿了一会儿。
甲	忘	wàng	把	把钥匙忘在房间里了。 我把今天要做的事都忘掉了。
乙	忘记	wàngjì	把	我把她的名字忘记了。

乙	望	wàng	向	我向球场望了一下。 站在屋顶上向四周望了起来。
乙	微笑	wēixiào	对	我对他微笑了一下。
乙	围	wéi	把	把院子围上。 快把围巾围上。
乙	喂	wèi	把, 给	护士把汤药喂进病人嘴里。 弟弟给兔子喂青草。
乙	闻名	wénmíng	对	对你早已闻名,只是未见面。
乙	稳定	wěndìng	把	把收入稳定下来。 把食品价格稳定在上月的水平上。
甲	问	wèn	◎ 把, 向	我把行车路线问清楚了。 我向你问一下。
甲	问／好	wènhǎo	替, 向	请替我向他问好。
乙	握	wò	把	把刀握在手里。
甲	握／手	wòshǒu	跟	好激动啊！我跟他握手握了两次, 他的左手右手我都握到了！
	X			
乙	吸	xī	把, 用	用海绵把水吸去。
乙	吸收	xīshōu	把, 用	把他吸收到党内。 植物用根吸收水分、养料。
乙	吸／烟 （抽烟）	xīyān(chōuyān)	在	我们可以在这儿吸烟。
乙	吸引	xīyǐn	把	他的话一下就把我吸引住了。
乙	牺牲	xīshēng	为了	我为了准备考试,只好牺牲这次旅游的机会了。
甲	喜欢	xǐhuān	对	对热闹我不太喜欢。
甲	洗	xǐ	把, 用	先用酒精把伤口洗一洗。

甲	洗/澡	xǐzǎo	在	我在温泉洗过澡。
甲	下	xià	给, 往, 在	我给他下了一碗面条儿。 母亲往罐子里下了些药。 他在书法方面下了一些力气。
甲	下来	xiàlai	从	他从楼上下来了。
甲	下去	xiàqu	从	从这儿下去吧。
乙	掀	xiān	把, 从	妈妈把他的被子掀起来。 他从褥子底下掀出一个存折来。
乙	献	xiàn	把, 给, 为, 向	把青春献给祖国。 她给老人献上一杯茶。 为正义事业献出生命。 向死难烈士献花圈。
乙	羡慕	xiànmù	对	怎么对他也羡慕起来了?
乙	限制	xiànzhì	把, 对	把人员限制在三十以内。 对什么都要限制一通。
乙	相当	xiāngdāng	跟	他的年纪跟我的年纪相当。
甲	相信	xiāngxìn	对	我对他越来越不相信了。 他摇摇头,站起来,显然对我的回答不相信。
甲	想	xiǎng	把, 往	他喜欢把人往歪处想。 你可把我们想坏了。
乙	销售	xiāoshòu	把	把货都销售给那家商店了。
乙	消化	xiāohuà	把	要想把价格因素完全消化在企业内部并不是件容易的事。
乙	消灭	xiāomiè	把	把敌人消灭在山下。
乙	消失	xiāoshī	在	白烟在白云中消失了。
甲	笑	xiào	对	她对我笑笑。
乙	歇	xiē	在	你在这儿歇一会儿吧。
乙	斜	xié	把	我们对面而坐,把身子斜向窗外。
甲	写	xiě	在	我在哪里写名字好呢?
乙	形容	xíngróng	用	我们常用花形容女人的美丽。

乙	修改	xiūgǎi	把,对	把中篇小说修改成了短篇。 他对自己的讲稿修改了好几遍。
乙	修理	xiūlǐ	把	把破烂的扫帚修理得漂漂亮亮。
乙	宣布	xuānbù	向	老师向学生宣布了成绩。
乙	宣传	xuānchuán	把,向	把戒烟的好处宣传出去。 必须向群众宣传法律知识。
乙	选	xuǎn	把,在	把好苹果选到筐里。 你可以在几本书里选。
乙	选举	xuǎnjǔ	把,由	把他选举上去。 主任由群众选举。
乙	选择	xuǎnzé	把,由	把好材料选择给他。 生活的道路由你选择。
甲	学	xué	把,跟,在	我先要把基础学好。 我跟王老师学汉语。 我现在在大学学经济。
甲	学习	xuéxí	把,跟,在,向	我应该向您学习。
乙	寻找	xúnzhǎo	把	把孩子寻找回来。
乙	训练	xùnliàn	从	从早上训练到晚上。
	Y			
乙	压	yā	把,用,在	把咳嗽压下来了。 把火儿压在心里。 用石头把它压起来。 在缸上压一块石头。
乙	压迫	yāpò	把	他们可把我们一家压迫苦了。
乙	延长	yáncháng	把	把逗留时间延长三天。

◇ 附表 ◇

甲	研究	yánjiū	把, 对	把他提出的方案研究了一遍。 对这种现象研究了一番。
乙	演	yǎn	把	一定要把这出戏演下来。
乙	养	yǎng	把, 由, 在	我把他养到十八岁。 把这些动物养在一起。 把病养好了再上班。 这一家子都由我养着。 你在这里养养神。
乙	咬	yǎo	把, 用, 往	用牙把线咬断。 往腿上咬。
甲	要求	yāoqiú	向	向他要求要求。
乙	移	yí	把	再把花盆移回远处。
乙	移动	yídòng	把, 向	把桌子移动开。 冷风正向南移动过来。
乙	议论	yìlùn	对, 在	人们对这件事议论开了。 他从来不在背后议论别人。
乙	印	yìn	把	把指纹印在纸上。
乙	印刷	yìnshuā	按, 把	按这个速度印刷下去。 把他的题字印刷在封面上。
乙	迎接	yíngjiē	把	快把客人迎接进来。 把他迎接到我们学校。
甲	赢	yíng	把, 为	要把奖杯赢回来。 为北京队赢来了第一块奖牌。
甲	影响	yǐngxiǎng	用	用模范行为影响孩子。
乙	应用	yìngyòng	把	把理论应用到实际中。
乙	拥抱	yōngbào	把, 跟	把她拥抱到怀中。 他跟战士拥抱着。
甲	用	yòng	把	你要把脑子用在学习上。
甲	游／泳	yóuyǒng	在	我在长江游了一个小时泳。
乙	有关	yǒuguān	与, 跟	这个现象与气候有关。 跟我们有关。

甲	遇到	yùdào	在	我在杭州遇到他。
乙	遇见	yùjiàn	在	我在半路上遇见了一位熟人。
乙	预备	yùbèi	把, 给	我先把饭菜预备上。 我给他们预备了一个放车的地方。
乙	约	yuē	把, 跟	我先跟他约好时间。 把老朋友约在一起。
乙	约会	yuēhuì	⇔ 跟, 在	他在公园跟朋友约会。
乙	运	yùn	把	把货运往南方。 把这批课桌运给那所小学。
乙	运输	yùnshū	把	把货物运输到火车站。
乙	运用	yùnyòng	把, 对于	把这项技术运用到生产中。 对于这种先进的计算机,他们已经能运用了。
Z				
乙	赞成	zànchéng	对	大家对你的想法很赞成。
乙	造	zào	把	把房子造在南坡上。
甲	增加	zēngjiā	由	我们厂里由五百人增加到了一千人。
乙	扎	zhā	把, 给	钉子把手扎破了。 又给病人扎起针灸来了。
乙	摘	zhāi	把, 从, 在	把眼睛摘下来。 把文章的主要内容摘下来。 从材料中摘几则典型事例。 他在菜园里摘黄瓜。
乙	粘	zhān	把	把这两张纸粘起来。 把信封粘上了。
乙	展出	zhǎnchū	在	他们的作品正在美术馆展出。

乙	展开	zhǎnkāi	把, 向, 针对	他把画卷慢慢展开。 他的背心没有上扣，微风吹着，向外展开。 学术界针对这个问题展开了讨论。 向敌人展开进攻。
甲	展览	zhǎnlǎn	把	把新商品都展览出来。
甲	占	zhān	把	人没来就把座位占上了。
甲	站	zhàn	在	这车怎么在这儿站上了。
甲	长	zhǎng	比	他比我长两岁。
乙	涨	zhǎng	比	自行车的价格比去年涨了一倍。
甲	掌握	zhǎngwò	把, 用, 由	把财权掌握起来了。 他用右手掌握着方向盘。 今天的会议由他掌握。
乙	招待	zhāodài	用	中国人爱用茶招待客人。
乙	招呼	zhāohū	把	老师把他招呼到办公室了。
甲	找	zhǎo	把	我争取把他找回来。 校长把我找到办公室。
乙	照	zhào	给, 用	给他照上X线了。 用探照灯照了起来。
甲	照／相	zhàoxiāng	给, 在, 为	我们在这儿照张相吧。 我为（给）大家照相。
乙	召开	zhàokāi	在	中共十七四中会议于2009年9月15日至18日在北京召开。
乙	折	zhé	把	他把竹竿折成两段。 把人民币折成日币。
乙	震惊	zhènjīng	对	大家对他的举动十分震惊。
乙	征求	zhēngqiú	向	那家商店经常向顾客征求意见。
乙	睁	zhēng	把	请把眼睛睁开。

乙	争	zhēng	⇔	把,跟,为了,用	把政权争到人民手中。 跟他们争起人才来了。 他和那人又争起来了。 为了冠军必须一分一分地争。 我们的权利是用鲜血争来的。
乙	争论	zhēnglùn	⇔	跟	又跟老王争论起来了。
乙	争取	zhēngqǔ		把	把他争取过来了。
乙	整	zhěng		把,对,给	你把桌子上的东西整乱了。 群众把坏干部整掉了。 对这种人应该好好整整。 你的摩托车,我正给你整着。
乙	整理	zhěnglǐ		把	把材料整理整理。
乙	证明	zhèngmíng		把	把这个恒等式证明出来。
甲	知道	zhīdào		对	她对我知道得很多。
乙	支持	zhīchí		对,在	对正确的意见要支持下去。 他在经济上支持了我三年。
乙	支援	zhīyuán		把,对	把这批物资支援给灾区。 对他们支援过很多次。
乙	织	zhī		把,用,在	把这些粗线全织进去。 蜘蛛用丝织成捕虫的网。 我在屋里织着布呢。
乙	直	zhí		把	把铁丝直一直。
甲	指	zhǐ		把,给,用	你把方向指给我。 你把问题指出来。 你给他指指谁是你的同学。 老师用手指着黑板上的字。
乙	指出	zhǐchū		为	这项政策为我们指出了方向。
乙	指导	zhǐdǎo		对	对学生认真地指导起来。
乙	指挥	zhǐhuī		由	还是由他指挥下去。
乙	制定	zhìdìng		把,由	把比赛规则制订一下。 宪法由国家制定。
乙	制造	zhìzào		在	他在公司里尽制造混乱。
乙	治	zhì		把	一定要把淮河治好。

甲	种	zhòng	把	把这棵花儿种在地理。
乙	重视	zhòngshì	对	大家对这次会议很重视。
乙	嘱咐	zhǔfu	对	我要对你嘱咐几句话。
甲	住	zhù	在	你在哪儿住？
乙	祝贺	zhùhè	向	向他祝贺一番。
甲	注意	zhùyì	对	对安全生产注意得还不够。
乙	抓	zhuā	把	你把我抓出血来了。
乙	转	zhuǎn	把,从,向	把脸转在一边。 把这个便条转给老张。 把病人转到北京医院。 从一班转来一个学生。 向右转。
乙	转变	zhuǎnbiàn	把,从	把消极因素转变为积极因素。 他从一个无知的青年转变成一个好青年。
甲	装	zhuāng	⇔	把,往,用	把衣服装在箱子里。 把空调装在大屋。 往箱子里装衣服。 用机器装只需装一个小时。
乙	撞	zhuàng	把,从,跟,在	汽车撞到墙上,把墙撞塌了。 一开门,从外面撞进一个人。 跟他撞了满怀。 在路上跟他撞上。
乙	追	zhuī	把,从,在	把比分追到十比十一。 把原脏追回来了。 他从身后追过来,唤着我的名字。 他在后边追了起来。
乙	综合	zōnghé	把	把不同的意见综合在一起。
乙	总结	zǒngjié	把	把各方面的情况总结在一块儿。
甲	走	zǒu	从,在	一列火车正从山洞里走出来。 我每天早上在公园里走一走。

甲	组织	zǔzhī	把	要把大家组织起来。
乙	钻	zuān	从，往	从这儿钻出去。 她往森林里钻进去。
乙	钻研	zuānyán	对	对这一难题，他一直钻研到六十岁。
乙	尊敬	zūnjìng	对	我对他很尊敬。
甲	做	zuò	给	给他做上两套衣服。
甲	作	zuò	把，给	老师终于把这首诗作出来了。 他给上司作报告。
甲	坐	zuò	在	我在那里坐了一会儿，一个好朋友给我打来电话。
乙	作为	zuòwéi	把	把这里作为运动场。 把他的话作为鼓励。
乙	座谈	zuòtán	与，和，在	昨天我们在大学座谈了两个小时。 他在北京大学和大学生座谈。

索引

(太字は章・節・項の番号数字、斜体の数字は本文のページ数)

※主要な語、用語の主要なページのみ付す。
※その語、用語が多く出てくる場合は、その章、節を付す。
※その語、用語が連続して出てくる場合は、最初のページのみ付す。

【日本語】

あ

アニマシー　　51
意思伝達／意志表示　　31, 47, 54, 62, 66, 92
移動義　　51
移動動詞／移動をあらわす動詞
　　　　　　50, 57, 85, 141
意味拡張　　2.2, 2.3

か

格　　10, 14, 18, 65, 108, 135, 147, 162, 166, 172
感情の授与　　75, 82
機能化　　25, 63, 122, 125, 128, 131, 159
共同行為　　56, 60
共同行為の対象　　49, 56, 63, 66, 123, 132, 159, 179
空間的移動　　49, 51
形式動詞（行為動詞）　　30, 34, 41, 114, 118, 120
結果補語　　19, 104, 110, 115, 120
言語活動　　2.2, 3.2, 3.4, 172
語彙的意味　　29, 34, 65, 72, 79
行為名詞　　34, 42

さ

視覚動詞　　3.3, 30, 95, 105, 141
時間的移動　　51
動詞性弱化　　2.1, 72, 77, 86
修飾成分／修飾語　　19, 24, 39, 44, 47, 99, 121, 125, 149, 157, 159, 161, 163

受益者　　10
受益の対象　　108, 172
主従関係　　50, 57, 60, 63
主体と対象の関係　　49, 65, 71, 75, 77, 80, 92, 94, 109
述語動詞　　126, 139, 141, 143, 146
状況語　　60, 133, 135, 139, 144
上下関係　　73, 81, 99, 166
＋状態性／－状態性　　2.1
状態補語　　37, 101, 104, 111, 120, 124, 139, 181
＋焦点化　　33, 37, 43, 46, 48, 54, 79, 85, 91, 97, 103
－焦点化　　72, 81
情報・知識を獲得する対象　　49
助動詞　　19, 25, 38, 47, 59, 124, 139, 141, 144, 159
身体の一部分でおこなう動作　　30
身体部位動作　　2.2.1.4, 62
心理活動　　3.5, 36, 49, 66
心理動詞　　37, 62, 69, 100, 104
心理名詞　　101, 104
遂行動詞　　54, 56
随伴義　　2.2, 123
相互行為　　56, 59, 67
相互行為の対象　　49, 58, 63, 179
相互動詞　　3.1, 3.2.3, 58, 65, 69, 71, 105, 107, 172, 176, 179, 182
双方向　　58, 65, 71, 80, 105, 132, 172

た

対象の人数　　10, 66
態度・感情をあらわす形容詞　　35, 43

237

◇ 索引 ◇

態度・感情をあらわす動詞　　36, 43, 102
単音節方位詞　　85, 88, 94
単方向　　32, 55, 59, 68, 71, 79
知覚動詞　　141
知識・情報の授与　　83
抽象名詞　　45
「伝えない」動作　　54
程度副詞　　43, 101
典型的な前置詞構文（文型A）　　18, 23, 41, 121, 125, 127, 132, 137, 161
伝達動詞　　3.2, 30, 32, 35, 41, 51, 53, 62, 66, 88, 91, 99, 105, 108, 171, 175, 179
同一空間における対面関係　　24, 28, 30, 48, 78, 81, 88, 92, 97
動作主　　55, 63, 149, 152
動作主と対象　　10, 23, 25, 50
動作性　　10, 30, 35, 38, 41, 52, 116, 178
動作動詞　　123
動作の対象　　37, 48, 53, 84, 86, 91, 96, 98, 154, 166, 170
動作の方向　　27, 49, 85, 92, 96, 98
動詞性　　2, 5, 19, 77, 84, 92, 116
動詞の語彙的特徴　　10, 31, 66, 72, 80, 89, 94
動目構造　　96
独立成分　　122, 126, 128
とりたて　　46, 84, 101, 103

な

二音節動詞　　4.4, 79, 104, 113,
ニュートラルな関係　　49, 82, 99
認識をあらわす動詞　　30, 37, 43
ノンバーバル　　3.4, 62, 66, 105

は

場所・方向をあらわす代名詞　　85, 94
場所化　　157, 172
場所名詞　　85, 87, 94
場所をあらわす名詞　　85, 94, 107
発話者　　36, 59, 72, 82, 118, 120, 153
発話の対象／話す相手　　3.2, 32, 49, 175

比較・異同・関係をあらわす対象　　49, 56
否定副詞　　19, 24, 35, 38, 40, 43, 47, 55, 60, 121, 159
フォーマル　　72, 75, 79, 176, 180
副詞　　37, 39, 57, 59, 119, 121, 125, 144
文型B　　18, 23, 25, 40, 45, 47, 125, 135, 139, 162
文型C　　18, 135, 162

ま

名詞フレーズ　　9, 13, 65, 107, 142
モノ名詞　　85, 94

ら

離合詞　　102, 172, 176, 179
連動式　　20, 24, 29, 50, 121, 132, 134, 153, 178

わ

話題化　　46, 48, 63, 128, 130, 139, 146
話題提示　　46

【中国語】

A
按／按照　　128, 136, 159

B
把　　4.2, 4.3, 30, 42, 47, 66, 100, 104, 132, 136, 140, 152
『八百詞』　　27 , 28, 40, 53, 59
半动半介　　24, 40, 47, 134
帮　　133, 152
被　　30, 132, 136, 140, 159
本着　　128, 136, 159
比　　30, 59, 123, 136, 159, 163
"不说"類　　32,54,71,83

C
朝　　84, 90, 105, 132, 136, 159
朝着　　88, 132, 136, 159
乘　　128, 130, 136, 159
趁／趁着　　128, 136, 159
冲　　136
除　　127, 159
除了　　127, 137, 145, 159
从　　5.3.2.2, 107, 128, 136, 138, 145, 154, 159, 166, 172
从～到～　　122, 146, 150

D
打　　131, 136, 159
打从　　136
待　　128, 159
当　　128, 136, 159
当着　　128, 159
到　　5.3.2.3, 151, 161
低控制名词　　58, 73
低向动词　　73
对　　2.1, 2.3, 3.2.2.2, 4.2, 4.3, 5.3.2.1, 127, 159, 171, 181
对于　　2.1, 127, 159

对（于）～来说　　45, 137, 140, 146, 157, 159, 184
对着　　2.1

F
"负责任"類　　34, 41

G
高控制名词　　58, 73
高向动词　　58, 73
给　　3.2.2.3, 3.2.3, 19, 69, 95, 99, 105, 132, 136, 159, 171, 177, 181
跟（随伴、共同行為の対象）　　132, 159
跟　　2.2, 2.3, 3.1, 3.2.2.1, 3.2.2.3, 3.6, 99, 123, 132, 136, 159, 171, 176, 181
跟着　　26, 28, 50
根据　　128, 136, 159
根由格　　136
关涉格　　136
关于　　126, 136, 145, 159

H
和（随伴、共同行為の対象）　　132, 159
和　　49, 123, 136
话题标记功能　　146

J
基于　　126, 159
及至　　123
加以　　34, 114, 119, 174, 178
鉴于　　127, 159
将　　115, 132, 136, 159
叫　　132, 136, 159
借　　131, 159
尽 jǐn　　132, 159
进行　　34, 42, 113, 118, 170, 178
经　　128, 159
经过　　128, 136, 159
经由格　　136
就　　131, 136, 159

239

◇ 索引 ◇

据　　*127, 136, 159*
距／距离　　*136*

K

客体格　　*136*
框式介词　　*19, 45, 122, 129, 137, 140, 143,*
　　145, 150, 157, 159, 184

L

离　　*123, 136, 159, 164*
连　　*128, 159*
连同　　*128, 145, 159*
临　　*128, 159*
邻体格　　*136*
论　　*136*

M

每当　　*126, 159*
目的格　　*136*

N

拿　　*136, 176*

P

凭　　*128, 159*
凭借　　*128, 159*

Q

前次后主　　*50, 56, 59*

R

让　　*132, 136, 159*

S

时处格　　*136*
始源格　　*136*
受话人　　*175*
述宾结构　　*96*

顺着　　*28, 128, 159*
"说" 類動詞　　*71*
随　　*52, 131, 159*
随着　　*52, 145, 159*

T

替　　*132, 136, 152, 159, 172*
通过　　*128, 130, 136, 145, 159*
同（随伴、共同行為の対象）　　*132, 159*
同　　*49, 123, 136*

W

往　　*3.3, 96, 105, 132, 136, 159*
望　　*132, 159*
完全介词化了的　　*134*
为（原因・目的）　　*131, 159*
为（行為の対象）　　*132, 159, 177*
为（wéi＝被）　　*132, 159*
为了　　*128, 145, 159*
为着　　*28, 52, 128, 159*
位置格　　*136*

X

『现代汉语词典』　　*18, 50*
『现代汉语知识大词典』　　*13, 17, 21*
像　　*132, 159*
向　　*3.2, 3.3, 3.4, 3.6, 26, 68, 132, 136, 154,*
　　159, 171, 177, 181
向着　　*26, 132, 159*

Y

沿　　*52, 131, 159*
沿着　　*28, 52, 131, 159*
依　　*128, 136, 159*
依据　　*136*
依照　　*128, 136, 159*
以　　*131, 136, 159*
一起　　*57, 68*
因／因为　　*128, 159*
用　　*132, 136, 152, 159*

240

由	*131, 133, 136, 159*
由于	*127, 136, 159*
"有"類動詞	*36, 43, 103*
与（随伴、共同行為の対象）	*132, 159*
于	*132, 136, 159*
『语法讲义』/朱德熙 1982	*15, 162*

Z

在	*5.3.2.4, 19, 46, 128, 135, 145, 148, 151, 159, 177*
照	*128, 130, 136, 159*
照着	*128, 145, 159*
针对	*128, 130, 159*
正如	*127, 159*
至	*131, 159*
至于	*126, 136, 145, 15980*
只限	*123*
主体格	*136*
自	*30, 131, 136, 159*
自从	*127, 136, 159*
自打	*136*
遵照	*128, 159*
作（做）	*115*
作为	*127, 145, 159*

【英語】

Circumpositions	*19*
HSK	*11*
Li and Tompson1983	*19, 134*
marked／unmarked	*37*
marker	*28*
postposition	*19*
preposition	*19*
unmarked	*37*

あとがき

　本書は、2009年9月に愛知大学大学院中国研究科に提出した博士論文『現代中国語による前置詞の機能分化と動詞とのかかわり』をもとに加筆、修正したものである。

　現代中国語における前置詞については、同大学院修士課程に入学後、前置詞"对"の動詞的な動きから文頭にまでくることができる、その機能の幅広さに魅かれて、修士論文のテーマとして選んだことからはじまった。そして、そのまま継続し、他の前置詞にも関心が広がり、こうして博士論文にすることができた。

　動詞から前置詞に機能が移行する中で、まわりの動詞や目的語に何らかの制限がかかるそのさまは、まさに機能語的なはたらきと言える。また、動詞的な機能も失いきっておらず、前置詞一つ一つの機能分化の度合いも異なる。その現象が面白く、興味を持って、途中でやめることなく、ここまでくることができたのもまさに"缘分"だと思う。

　本書作成にあたって、修士課程から今まで、終始指導してくださったのが愛知大学教授荒川清秀先生である。筆者は、これまでの論文執筆に荒川先生に謝辞というものを書いたことがない。もちろん、感謝していなかったわけではない。この機会を借りて、感謝の気持ちをここに記すことにする。

　荒川先生は、自身の公務や原稿執筆に忙しくても、読みづらい筆者の原稿を嫌な顔一つせず、何度も何度も根気よくみて、たくさん朱をいれてくださった。そして、朱くなった原稿をみながら、わたしたちは、たくさん議論も重ねた。

　時には筆者の言いたいことが伝わらず、泣きながら訴えたこともある。ありがたい助言でありながら、すぐには呑み込めず、理解するまで時間がかかったこともあった。その泣きながら訴える姿は、自分が如何に未熟で、はたまた滑稽なもので、今考えると気恥ずかしいくらいで、笑えてくるものである。

　恩師のその職人的な研究への姿勢をみて、今の筆者が少しでも近づけていたらといいと思うが、全くもってほど遠い。これからも教育の面でも研究

の面でも目標としていきたい。

　また、修士課程、02年〜03年の北京語言大学（当時は北京語言文化大学）での留学、博士課程での研究活動、論文執筆の中で、多くの先生がたや仲間と出会い、多くの示唆を受けたことは筆者にとっての"縁分"であったと思う。

　筆者は、北京大学教授の陸倹明先生がおっしゃった"学外語，脸皮要厚"のことばを守り、物怖じすることなく、すすんで先生がたと話すようにしていた。

　北京語言大学教授の崔希亮先生もその一人である。筆者が留学当時、崔先生が開いていた、いわゆる"沙龙（日本のゼミ形式の授業にあたるもの）"に参加する機会を得、筆者の考えを聞いてもらい、何度か意見を交換できたことはラッキーだった。留学が終わった後も、筆者が北京に赴いた折や崔先生が日本におみえになった時に会う機会があり、筆者のいきなりの質問にも、崔先生は丁寧に答えてくださった。

　そして、筆者がどうしても会いたいと願い、実際に会えたのが南開大学教授の宋玉柱先生（故人）である。宋先生は、多くの前置詞に関する論文を書いておられた。本書の参照文献の中でも、共感できて、すっと入ってきたのが宋先生の論文であった。

　宋先生とお会いできたのが2007年、ご高齢ということであり、長くお話しはできなかった。しかし、もう歳だからと謙遜されながらも、いきなりの訪問にもかかわらず筆者の質問に対して、的確に、丁寧に答えていただいたことが今でも深く印象に残っている。

　また、このずうずうしい筆者に付き合ってくださったのが大阪大学教授の古川裕先生である。原稿をみてほしいと、締切よりも余裕をもって書き上げ、先生にお願いしたことがある。多忙にもかかわらず、先生は筆者のWord原稿に先生ご自身の意見をつけて、また返信してくださった。

　そして、愛知県立大学名誉教授鵜殿倫次先生、名古屋大学教授丸尾誠先生には、博士論文の副査をしていただいた。お二人には、論文を細かくみていただき、口頭試問の際にも貴重な意見をくださった。本書では、その意見をなるべく入れて、加筆、修正したが、もし、できていなければ、それは筆者の理解不足と力不足の何ものでもない。

さらに、論文執筆の際にインフォマントとして協力してくれたネイティブスピーカーの先生がたや仲間たちに感謝したい。彼らは、語感に関する筆者のしつこい質問に付き合ってくれた。この他、学会発表の時にご指導いただいた多くの先生がたの指導なしでは今日は迎えられなかったと思う。

　中国語にはじめてふれたのが9歳、本格的に学び始めてすでに24年がたった。中国語では、外国語を学んだ時間は、学校で学んだ時間しか数えないが、非母語話者にとって外国語学習は、まさに常に学びなのである。

　98年に教育の現場に入って、学ぶ立場だけでなく教える立場も加わった。教える立場になってずいぶん経つが、今でもまだ微妙なニュアンスの違いに考えさせられることは多い。これまで筆者がかかわったたくさんの中国語学習者の方々、学生から受けた多くの質問が筆者の血となり肉となっていることも間違いない。

　このように、本書出版にいたる過程において、多くの方々に支えられてきたといえる。筆者とかかわったすべての方々に感謝の意をしめしたい。

　最後に、好文出版の尾方敏裕さん、竹内路子さんには、出版当初から組版、校正にいたるまで、筆者のわがままを根気よく聞いてくださった。筆者の表現にユレがあったり、レイアウトも難しいところがあったが、すべてクリアしていただいて、今回の出版にこぎつけることができた。この場を借りて、お礼申し上げたい。

　なお、本書の出版には、愛知県立大学の2015年度出版助成を受けた。

2015年　秋
中西千香

【著者略歴】
中西千香（なかにし・ちか）

石川県金沢市生まれ。2002~03年北京語言大学留学。2010年愛知大学大学院中国研究科博士後期課程修了。博士（中国研究）。2009年愛知淑徳大学外国語教育センター常勤講師、2010年愛知県立大学講師、2011年より准教授、現在に至る。専攻分野は中国語学、中国語教育。

現代中国語における前置詞の機能分化と動詞のかかわり

2015年11月23日　発行

著　者　　中西千香

発行者　　尾方敏裕

発行所　　株式会社　好文出版
　　　　　〒162-0041　東京都新宿区早稲田鶴巻町540　林ビル3F
　　　　　電話 03-5273-2739　FAX 03-5273-2740

©Chika NAKANISHI 2015　　Printed in JAPAN　　ISBN978-4-87220-185-7

本書の一部または全部を著作権法の定める範囲を超えて、無断で複製・転載することを禁じます
乱丁落丁の際はお取替えいたしますので、直接弊社宛お送りください
定価はカバーに表示してあります